U0010771

圖解版 看穿人心的 小動作

しぐさのウラ読み

小動作 暢銷修訂版

匠英一｜監修　PHP研究所｜編著　簡中昊｜譯

生活中常見的100種小動作觀人術！

從不經意的小動作看出他／她在想什麼

晨星出版

WOW！知的狂潮

廿一世紀，網路知識充斥，知識來源十分開放，只要花十秒鐘鍵入關鍵字，就能搜尋到上百條相關網頁或知識。但是，唾手可得的網路知識可靠嗎？我們能信任它嗎？

因為無法全然信任網路知識，我們興起探索「眞知識」的想法，亟欲出版「專家學者」的研究知識，有別於「眾口鑠金」的口傳知識；出版具「科學根據」的知識，有別於「傳抄轉載」的網路知識。

因此，「知的！」系列誕生了。

「知的！」系列裡，有專家學者的畢生研究、有讓人驚嘆連連的科學知識、有貼近生活的妙用知識、有嘖嘖稱奇的不可思議。我們以最深入、生動的文筆，搭配圖片，讓科學變得很有趣，很容易親近，讓讀者讀完每一則知識，都會深深發出wow！的讚嘆聲。

究竟「知的！」系列有什麼知識寶庫值得一一收藏呢？

【WOW！最精準】：專家學者多年研究的知識，夠精準吧！儘管暢快閱讀，不必擔心讀錯或記錯了。

【WOW！最省時】：上百條的網路知識，看到眼花還找不到一條可用的知識。在「知的！」系列裡，做了最有系

統的歸納整理，只要閱讀相關主題，就能找到可信可用的知識。

【WOW！最完整】：囊括自然類（包含植物、動物、環保、生態）；科學類（宇宙、生物、雜學、天文）；數理類（數學、化學、物理）；藝術人文（繪畫、文學）等類別，只要是生活遇得到的相關知識，「知的！」系列都找得到。

【WOW！最驚嘆】：世界多奇妙，「知的！」系列給你最驚奇和驚嘆的知識。只要閱讀「知的！」系列，就能「識天知日，發現新知識、新觀念」，還能讓你享受驚呼WOW！的閱讀新樂趣。

知識並非死板僵化的冷硬文字，它應該是活潑有趣的，只要開始讀「知的！」系列，就會知道，原來科學知識也能這麼好玩！

不經意的小動作透露出真實個性

　　最近已經進入了人人都有行動電話的時代，隨處可見邊走邊傳簡訊、熱衷於各式手機，以及在電車內大聲講手機的人。在這種情況下，也出現了隨時檢查手機才能安心的人，而本人卻幾乎完全沒意識到這種「手機依賴症」。稍微觀察一下日常周遭，在電車裡總是坐在最外側的座位、在月臺上做出高爾夫球的揮杆姿勢等等，你有注意到為什麼許多人會做出共同的行為嗎？其實據說這些行為也是由人的潛意識操控。在日常生活中可以看到的這些肢體動作，一般稱之為「小動作」。從心理學的角度來看，潛意識的心理狀況跟小動作有著強烈的聯繫。也就是說，如果能夠知道小動作所代表的意義，就能夠理解對方隱藏的心理狀態（潛意識）。比方說，我們可以編造虛假的言語欺騙他人，但是小動作卻只會透漏出我們真實的心意。只要加以注意，從小動作感受到對方真正的心聲，就能夠消除人際關係的煩惱，也對自己有更深層的理解。

　　本書就是以人人都經驗過的例子，做出心理學角度的考察。當然，因為情形不同，同一個小動作也有可能代表不同

的意思，本書所記載的內容並非「唯一正確的解答」。在這一層意義上，如果能夠透過各種例子理解心理學的看法，讓各位注意到些許「小動作與心理學」的有趣之處，則筆者不勝欣喜。

目次 Contents

第1章
從日常生活的偶然小動作來「解讀真意」！

第2章
「解讀」上班族的小動作！

「解讀」朋友們潛意識當中的行為！

第5章

「解讀」從癖好顯現的另一個自己！

從日常生活的偶然小動作
來「解讀真意」！

本章擷取出在日常生活中經常可見的小動作，

充滿許多大吃一驚「啊！有這個小動作！」的解讀。

如果能夠知道這些偶然小動作的真意，

就能夠準確地捕捉到對方的心意！

攬鏡自憐的理由

為什麼有的人只要一碰到鏡子或窗戶就想照呢？也有的人不斷地整理頭髮，似乎有點過了頭。

確認自己的外貌才能安心

不管是櫥窗玻璃、地下鐵車廂的窗戶、公司或是咖啡廳廁所的鏡子，在生活周遭充滿了可以映照出自己外表的東西。只要經過這些地方，看到了自己的外表，潛意識中就會開始檢查外在，這是任何人都會有的自然舉動。為了給周遭的人一個好印象，整理服裝跟髮型、檢查自己的臉色與表情是必要的「社會性」行為。此外，透過確認自己的外表，也可以確認自己的存在，結束這個行為之後，人才能安心地進行下一個動作。

自戀狂很在意他人的眼光

不過，這種行為也有其限度，當中也有些人會太過注意自己的外表。有的人會盤踞在百貨公司廁所的鏡子前，熱衷於檢查自己的裝扮與化妝，讓後面的人覺得很困擾。甚至有人會在鏡子前擺出各種姿勢，沉迷於自己的外表。這種人必定會被周圍的人稱為「納西瑟斯」（也就是自戀狂）。納西瑟斯是在希臘神話中登場的青年，因過於沉迷於自己在泉水裡的倒影，而飢餓衰弱致死。過於熱衷檢查自己儀容的人，就容易像這樣自我陶醉。

此外，自戀狂因為對自己的形象過於敏感，非常在意周遭對自己的評價，也容易引發自卑感。過度地沉溺自己在鏡子中的形象，也被認為是一種逃避現實的行為。

 小知識　判斷是否為自戀狂的基準，包含是否只為了檢查儀容而照鏡子，以及是否過於陶醉於自己的外表。

常照鏡子的人就是自戀狂嗎？

〈定期檢查儀容的理由〉

1. 在意周遭的人如何評價自己

↓ 為什麼？

2. 希望周遭的人對自己有好印象

↓ 追根究柢的話

3. 藉由其他人的好評價，可以再度確認自己存在的價值，產生安心感。

 不單是自戀，藉由照鏡子也可以確認自己的存在！

總是由兩端開始坐起的電車座位

觀察空蕩蕩的電車裡，大家總是由兩端的座位坐起。雖然沒有人指示，乘客們還是採取同樣的行動……

心理學上的個人空間意識

從起站就上車的乘客，恐怕只有一兩個人。一開始乘客會先坐在座位兩端，接下來會坐在正中央的位置，然後陸續以跟旁邊的人保持等距的方式就座。以上的行為表現了人類想確保個人空間的心理意識。人類會確保自己身體的周圍保持一定的空間，一旦此空間出現侵入者，就會產生壓迫感，變得心緒不安。這種勢力範圍在心理學上稱做「個人空間」（Personal Space）。

個人空間的範圍因人而異。不拘小節、個性開朗的人範圍較小，即使旁人接近到一定程度也無所謂。相反地，神經質、排他性高的人如果不能確保自己的個人空間就不能安心，一旦出現侵入者就會產生不快感。

潛意識之壁

大家可能會想，如果車廂是空的，那麼坐在正中間不是也可以確保個人空間嗎？但是因為之後就會有乘客陸續上車，也就是說，即使一開始兩端沒人坐，之後侵入者出現的可能性極高，如果坐在兩端，就算有侵入者也只會出現在一邊，心情可以較為平靜。

雖然在大都會的通勤班次上不得不和他人接近或是接觸，但是只要能坐在兩端的座位，不論是誰都會自然地採取這樣的行動。從兩端坐起，可說是為了儘量擺脫個人空間被侵犯的不快感所下的工夫。

 小知識 據了解，性格暴力的人所需的個人空間是普通人的兩倍。

個人空間意識的呈現

在電車上就座時

① 第一位乘客坐在座位的其中一端。

② 第二位乘客坐在座位的另一端。

③ 第三位乘客坐在離兩位已就座乘客最遠的正中央座位。

男性上廁所時

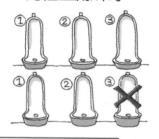

① 的小便斗有人時，第二個人一定會使用③的小便斗。

當③不能用，①又有人時，在②的小便斗上廁所的人會縮短排尿的時間。

 不管是哪一種情形，都顯示了人們為了防止他人侵入個人空間的心理意識。

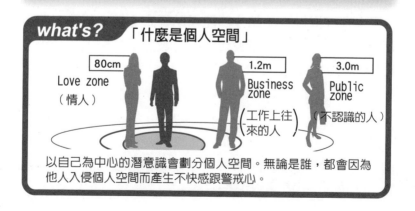

what's? 「什麼是個人空間」

80cm	1.2m	3.0m
Love zone（情人）	Business zone（工作上往來的人）	Public zone（不認識的人）

以自己為中心的潛意識會劃分個人空間。無論是誰，都會因為他人入侵個人空間而產生不快感跟警戒心。

把收據揉成一團的人是因為壓力過大

買完東西都會拿到收據。拿了收據就好，為什麼還要下意識地揉成一團呢？

特地揉成一團的理由

有不少人會把收據揉成一團，甚至是撕破，像這樣的人會被認為是累積了不少挫折。如果能夠消除壓力來源則自不待言，如果不能消除時，則藉由把收據或是便條紙揉成一團，謀求心情穩定。這種藉由破壞別的東西企圖消除壓力的方式，稱為「替換活動」。但就算是破壞了小紙片，問題仍無法解決，心情也不會變好，卻還是忍不住要這麼做。

依據方法的不同，也有人能成功地消除壓力。

每個人表現出來的替換活動都不一樣，也會依據當時狀況的不同而有所差異。具體來說，在電影跟電視劇裡經常看到夫婦在激烈爭吵後，把盤子丟向牆壁砸得粉碎，這也是一種替換活動。因為破壞毫無關係的東西來一吐胸中鬱悶，也可說是遷怒的行為。

不過，如果可以察覺到壓力來源，成功地加以消除，替換活動就會變成一種健康的壓力消除法。例如說去打擊練習場用力揮棒、用抹布把家裡打掃得亮晶晶，都能幫助穩定心情。但是，不自覺地撕碎收據，或是更加激烈地破壞它，會被認為是壓力累積過多，缺乏自制力的表現。

小知識　重複日常性替換活動的人，似乎多半是性格細膩的類型，有容易累積壓力、陷入煩惱的傾向。

日常可見的遷怒行為

快速沖洗

驚！那是取件單！

三點就能洗出照片～！

為什麼要把收據揉得皺巴巴呢？

因為累積了某些壓力，想要消除它們！

在巨大壓力爆發之前，就頻頻消除自己的不安。

稱為「替換活動」。

what's?

「替換活動？」

不正面面對壓力的直接來源，而是做出完全無關的事情來消除壓力的行為。

只要握住方向盤就變了一個人？

有的人平常性格溫厚，但是開起車來就會猛催油門、叱罵其他駕駛人。為什麼會發生這種變化呢？

駕駛人產生把車子當成自己的錯覺

開車時，有時會碰到塞車或被別人亂超車等亂七八糟的情形。雖然大部分的駕駛人都能夠保持平靜，但也有人會怒火上衝、痛罵周圍的駕駛人，並且粗暴地駕駛。在英國，這樣的人被稱為「路怒症」（Road rage），原本性格溫厚的，性格人會搖身一變，到底心境上產生什麼樣的變化呢？

有一種說法是認為，因為駕駛人產生把車體當成自己所產生的錯覺，因為把比人體大很多的車身當成是自己，所以感覺自己的個人空間也隨著比例擴張。

與個人空間的侵入者戰鬥

根據心理學者C.King分析，像這類的駕駛行為，是由於駕駛者本身的個人空間遭到入侵，使得其腎上腺素激增而進入戰備狀態，變得具攻擊性。一旦有後車逼近或是被插隊，就會感到自己的個人空間被侵入，產生壓迫感。正因如此，為了拿回自己的空間，就會粗暴地駕駛。

可是，危險駕駛不僅危及到自己，還會引起連鎖反應。「不能原諒這傢伙！」像這樣，會讓自己的怒氣傳遞到周圍的其他駕駛人，增加意外發生的危險性。特別是平日愈容易累積壓力的人，即使平常性格溫厚，也會做出危險駕駛行為。

 據說人如果看到名車，就容易有按喇叭的傾向。這是因為看到名車，會感到對方社會地位較高，按喇叭可以消除自己的不安。

車子可以改變人格？

人對人的情況
人對人的時候，潛意識的個人空間（Personal Space）大概是將3公尺算為公眾的空間（Public Space）。

車對車的情況
因為將車體視為自己，因此感覺個人空間也隨之擴張。

〈心理學者 C.King 的學說〉

對粗暴地闖入個人空間者的報復。

＋

因為塞車跟施工引起的不便所導致的壓力

＝

因抵抗侵略者所引起腎上腺素大量分泌
➡ 變得具有攻擊性！

在電扶梯上「超車」的人？

明明不趕時間，但是稍微注意一下，是不是有人會走在電扶梯的右側，一個一個超過左側的乘客呢？

步調紛亂、內心不安

在電扶梯上經常走在右側，馬不停蹄地往上走的人，是屬於急性子的類型。因為太過性急，所以欠缺協調性，這類型的人，只要有人站在右側，或是被行李給擋住，就會覺得自己的步調被打亂，馬上變得不安起來。但是，原本就沒有趕時間的人走右邊，不趕時間的人站左邊的規矩。

然而，在有電扶梯的公司大樓或車站裡，因為超車會引發意外，所以經常透過廣播，希望大家能不要「超車」，好好站著搭乘電扶梯。即便如此，一旦有人堵在電扶梯右邊，還是會被人說「真是沒常識」，而引起很大的不滿。

競爭意識的表現

像這樣的人，多半競爭意識也很高。走在「超車道」那一邊，步行加上電扶梯的速度會變得相當快，依次超過左側的乘客。據說這可以喚起「我比較快」的優越感，滿足存在於潛意識間的「不想輸給別人」的競爭意識。

就像這樣，雖然沒有特別趕時間，卻總是走在電扶梯右側的人，過於執著自己的步調，不知不覺就容易採取欠缺思慮以及不為他人著想的行動。因此，或許可以說這樣的人比起對周圍的影響，更加重視自己心情，屬於自我中心的類型。

 在關東跟關西的「超車道」是左右相反的。關西地區的人，習慣走在左邊、站在右邊，臺灣也是一樣。

「超車」顯示的心理狀態

明明不趕時間，為什麼要「超車」呢？

想以自己的步調行動！
有經常隨自己心意行動的傾向。

➡ 自我中心？

想走在別人前面！
藉由確認自己比別人快而抱持優越感。

➡ 競爭意識強烈？

在電扶梯上站的位置與性格關係

站在正中央的人
欠缺為趕時間的人著
想的想法，或是不打
算讓對方通過。
＝
沒有協調性

站在一旁的人
雖然沒有「超車」的人，
但還是自然而然地空出通
道，這是抱持與他人好好
相處想法的證明。
＝
具有協調性

站在正中央的人，缺乏為他人著想的心
情與協調性。站在一旁的人，大多能為
週遭的人著想。

「總之先來杯啤酒吧！」的理由

在下班後去喝一杯，會說「總之先來杯啤酒吧！」的人不少。不管是愛喝日本酒或是紅酒的人，都會先喝啤酒，想起來就覺得很不可思議。

下班回家的路上喝的第一杯酒

在下班後去居酒屋，「總之先來杯啤酒吧！」像這樣一就座就先點啤酒的人不在少數。如果問他們理由，多半會回答「還要想要點什麼太麻煩了」「第一次跟大家一樣比較好」。然而不只如此，這當中可是包含一些心理上的學問。

根據美國的社交研究所調查顯示，喝啤酒是一種尋求解放感的行為。結束工作，正是想要放鬆一下的時候，一下子就喝日本酒有點太過清寂，喝葡萄酒又要考驗自己的酒類知識，威士忌跟燒酒似乎是久坐之後才能細細品味。正因如此，人們為了鬆一口氣，就會點啤酒來喝。

喝完酒後的「啊～」也有意義

很多人會這樣說「總之……」然後點了啤酒，一口氣喝乾之後會下意識地發出「啊～」或是「呼～」的聲音，這就是從壓力中解放的信號。如同「鬆了一口氣」的講法，人只要將氣排出就可以放鬆。確實，只要「啊～」地吐出一口氣，僵硬的肩膀就會放鬆。

然而，在接待客人的宴席上，即使一起喝下啤酒，也不會發出「啊～」這種表示暢快感受的長嘆。因為這種場合不管外表裝得有多快樂，也不能真的放鬆。

因為尋求解放感而喝啤酒，發出「啊～」這樣暢飲後的嘆息。現代人就是這樣培養面對明天的元氣。

 小知識：泡澡的時候會發出的「哈～」跟「呼～」也跟「啊～」一樣，是因為感到極度放鬆所發出來的暢快嘆息。

啤酒可以敞開人的心房？

不好意思～
總之先來個
五杯啤酒吧！

〈根據社會研究所的調查結果〉

喝啤酒 → 心情舒坦 ＝解放感

因為啤酒是表示「心情舒坦」的事物，所以
當人需要解放感時，自然就會點啤酒。

實際上喝了啤酒會？

呼～

喝光啤酒之後發出「呼～」的
暢快嘆息聲，是表示放鬆自己
的聲音。日文中意味著休息的
「鬆了一口氣」的語源，也來
自於此，可以作為從壓力中解
放的證據！

用傘練習揮杆的大叔在想什麼？

常常會在車站月臺或是公車站看到用傘練習揮杆的大叔，其實在這種行動的背後，隱藏著大叔內心悲痛的吶喊？

因為想要逃避現實

大叔會在車站月臺或是公車站把傘或是捲起來的報紙拿在手上，用來練習高爾夫的揮杆動作。大家可能會以為他們很喜歡高爾夫球，但似乎不能這麼斷言。

從心理學的角度來看，這相當於逃避行為。所謂的逃避行為，就是指想要從無法接受的現實中逃走，在潛意識中做出了毫無關連的舉動。從深層心理學來觀察人類的心理，有朝著自己欲望行動的「本我」、遵守社會常識與規律的「超我」，以及控制這一切的「自我意識」。藉由自我意識善加調整本我與超我的平衡，人類才可以安穩地度過日常生活。不過有時也會有失去平衡的狀況，逃避行為就是為了取回這個平衡的一種心理機制。

大叔們累啦！

那麼，讓我們再把話題拉回大叔身上。首先，月臺跟公車站是等待電車與巴士的的場所。他們利用這些交通方式往返於家裡與公司之間，度過每一天。

那麼，從早上的通勤時段與晚上的返家時段看來，恐怕就是「不想去公司」跟「不想回家」兩種想法發生作用，使大叔做出高爾夫的揮杆動作。也就是說，與其說大叔單純喜歡高爾夫球，不如說他們有可能對工作與家庭抱持著不滿。

> **小知識** 無法接受現實世界，整天玩遊戲或上網，被稱為「繭居族」的行為，也是逃避行為的一種表現。

揮杆動作是想逃避現實世界

不想接受「一定要去公司」「一定要回家」的現實。

這稱之為「逃避」。

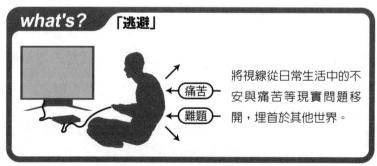

將視線從日常生活中的不安與痛苦等現實問題移開，埋首於其他世界。

「工作跟我，哪一個比較重要？」

男性讀者說不定都被這樣逼問過，面對這個問題一旦詞窮、不知如何是好時，女友就會更加憤怒！

無法回答的終極難題

　　A小姐跟B先生交往了三年，是一對恩愛的情侶。但最近B先生忙於工作，兩個人沒什麼機會見面。即使偶爾能夠約會，B先生也會因為疲於晚上或週末的加班，無法好好地聽A小姐說話……怒火逐漸累積的A小姐終於忍不住爆發：「工作跟我，到底哪個重要？」丟出了終極難題。B先生要怎麼從困境中脫出呢？

不管選哪邊女朋友都不滿意

　　面對這個困難的問題，如果從提示的選項去回答是一定NG的。如果回答「工作重要」，兩人的關係就很難重修舊好；如果回答「妳重要」，就有可能遇到「那我們週末去旅行」這種強人所難的要求。所以解決的先決條件，就是考慮為什麼女朋友會問這種問題。

　　此時的重點是，男女表現自己情感的方式不一樣。男性將拚命工作視為使女朋友幸福的方法，女性則具有藉由溝通的密度來衡量愛情的傾向。也就是說A小姐因為男朋友不能傾聽自己說話，而感到不被關心、寂寞，才提出這樣的問題。

　　追根究柢，在這個問題背後所隱藏的其實是「想要被珍惜」的撒嬌心情。這時只要緊抱著女朋友「讓你這麼想我真的很抱歉」，以後再多撥點時間跟女朋友溝通，就能夠平息她的怒火。

小知識　男性不善於解讀女性常用的迂迴言詞，如果女方可以坦率地說出「我很寂寞」，說不定就可以減低吵架的頻率。

為了不讓對方提出終極難題

講電話時會隨手在紙上塗鴉的理由

你有沒有注意到，拿著話筒外的另一隻手，會在潛意識間動作呢？其實這也是消除壓力的象徵！？

講討人厭的電話時？

你有看過公司的同事一邊跟對方講電話，一邊在記事本的空白處塗鴉嗎？同樣地，也有人一邊講電話，一邊把桌上的東西由右移到左，開始清理桌子。這就是潛意識間想要消除緊張與不安所表現出來的動作，心理學稱之為「代償行動」。比方說當對方非常生氣，受到單方面不斷痛罵，其實想要掛掉電話而又無法這麼做時，為了減輕壓力，就會動動手給予腦部刺激。證據就在於如果對方是談得來的人，談話順利進行時，幾乎看不到這種代償行動。

也可以注意約會對象的手部動作

在咖啡廳把吸管的包裝袋揉爛，或是用湯匙不停地攪拌咖啡，也可以說是一種代償行動。也有人在居酒屋等場所用餐時，會把免洗筷的包裝袋摺疊成一小塊。如果你的約會對象做出這種行為就要注意囉，有可能是因為對方無聊所以心不在焉而無法樂在其中。即使急著要對方將注意力投注到自己身上也沒有用。如果沒有察覺到對方覺得自己很無聊，而改變話題來引起對方興趣，這樣的代償行動會一直持續下去。這種情況不只要改變話題，更要想辦法讓對方說話，改變場所也是不錯的方法。

小知識　有一種說法認為，女性與情人講電話時用電話線纏繞手指，也是一種代償行動。

為了緩和壓力的行為

心中的不滿與緊張高漲，逐漸累積不快感。

 為了能稍微緩和累積的壓力，手會在無意識間動作。像這種針對別的對象所做的行動，稱為「代償行動」。

崇尚名牌的人其實沒自信

有的人從頭到腳都用名牌仔細包裝著，有一種解釋認為，這樣的人其實有很複雜的情結！

名牌是有錢人的象徵？

從太陽眼鏡到包包、從手錶到衣服還有鞋子，有不少人從頭到腳都是名牌。然而愈是這樣的人，愈喜歡東西上有著大大的LOGO，能讓人一眼就知道是什麼名牌。也許我們會認為這種人很有錢、充滿自信，但是未必能如此斷言。

購入被社會評價為名牌的東西，稱之為「炫耀型消費」。隨之而來的，是想要向周圍表現「拿著這種名牌」的自己，這樣的心情在發揮作用。人都會有一種「如果我能這樣就好」的理想自我形象。變成有錢人、擅長於工作的人、外表出色的人，為了實現各種夢想，人們努力地念書、工作、運動、節食，把很多努力視為必然。然而，只要擁有名牌，就感覺好像能更早實現夢想，進一步向周遭展示自我。

無論誰都知道的名牌

無論是誰，都有為他人所認同的欲求（尋求認同）。喜歡名牌是因為缺乏自信的緣故，會對這方面有特別強的欲求。然而這樣一來，就會落入迷思，即使自己沒實力，只要將知名度高的名牌穿戴在身上，便能獲得周遭認同。像這樣藉由別的事物來彌補自己的自卑感以獲得周遭認同的行為，稱之為「間接的自我表現」。

 小知識　毫不節制地得意於自己的職銜與經歷的人，也是有強烈的間接自我表現傾向的類型。

名牌貨的需求心理

為什麼要穿戴名牌貨呢？

 想要比周圍的人更加高尚！
藉由將社會評斷為有價值之物穿戴在身上，可以自我闡釋為領先於他人，因而感到安心。

 自我表現的欲望

 想要被他人認同！
為了彌補強烈的自卑感，把象徵社會地位的名牌穿戴在身上。

間接的自我表現

這樣一來我也加入了貴婦的行列～～

COTOCO

考試前會一口氣看大量漫畫之謎

愈是忙碌，就愈是容易被其他的東西給吸引。明明知道不可以，卻忍不住就被吸引，這是有理由的！

本來只打算看一下，結果卻停不下來

A先生明天有迫在眉睫的考試，雖然下定決心「明天就是考試的日子了，今晚專心讀書，然後早點睡覺吧」，可是一旦把放在桌上、看到一半的漫畫拿在手裡，下場就是去書架上抽出續集，熬夜讀完全部十集！一邊想著「再看一本就好」，手卻停不下來。這到底是為什麼呢？

幫自己準備好藉口

跟上面的例子相同，想必也有讀者有這樣的經驗吧，會在工作正忙的時候開始打掃屋子。這種乍看之下不可思議的舉動，在心理學上稱為「自我設限」（Self-handicapping）。

因為沒有自信能夠得到好結果，所以預先把自己逼迫到一個不利的狀況，為自己的失敗預設好藉口，也就是為了自我辯護而在潛意識中拉起防護線。如果想成是「考試落榜是因為我在看漫畫」，比起明白地承認自己實力不足來得較不傷人。美國普林斯頓大學以游泳隊的隊員為對象調查，發表了以下的調查結果。比起一般人藉口更多的隊員，即使到了重要的比賽前，也不會增加練習量；而藉口較少的隊員則會增加練習量。像這樣藉口很多的人，自我設限傾向也較強。這是因為對自己的能力愈沒信心的人，愈會因為恐懼失敗而自我設限，企圖以此緩和失敗的打擊。

 在卡拉OK唱歌之前就先預告「今天喉嚨的狀況有點差」，也是自我設限的表現。

自我設限的理由？

考場

昨天都在看漫畫……

欸～真是悠哉阿～

他的心情是？

即使失敗，也是因為我都在看漫畫的緣故！

我本來的實力應該更強的！

為什麼要設限？

理由之一 為了緩和失敗的打擊，防止自己受傷！

理由之二 如果成功時就更能認定自己的優秀！

💡 對自己愈沒自信的人，愈是會有自我設限的傾向！

經常看手機的理由？

坐電車時，只要一有時間就忍不住拿出手機，檢查有沒有新進郵件。為什麼這樣的人愈來愈多了呢？

所謂不能太近也不能太遠的關係

在叔本華的童話裡，有一則豪豬的故事。某一個冬日裡，有一對豪豬夫妻想要彼此靠近藉以相互取暖，可是卻被彼此的刺扎傷。可是如果分得太開，又會覺得寒冷。結果雙方就重複著靠近又分開的過程。美國的精神科醫生以此比喻現代人的人際關係，取名為「豪豬困境」。太過靠近對方就會惹人厭，相隔太遠又會寂寞。現代人跟豪豬一樣，抓不準適當的距離。

對苦於這種困境的現代人，手機這種工具就成了維持恰到好處的距離，又能保持與他人聯繫的唯一手段。所以，現代人就變得無法不注意是否有未讀郵件或未接來電，因此乘車時或是工作時都會檢查手機。

手機不在身邊就不安心的人

這種類型的人一旦忘了帶手機出門，或是把手機搞丟，就容易陷入恐慌。當然，沒有手機不方便，誰都是如此。但是，有的人僅僅是因為手機不在手邊，就顯得坐立難安，甚至覺得自己遭世間遺棄。這種人很多是不擅長與朋友實際見面、面對面的談話、交際的類型，為了消除人際關係的不安，所以才依賴手機。僅僅交換過電子郵件信箱，連對方長相都忘記的朋友，只要加入了通訊錄，他們就會覺得有很多朋友而感到安心。

小知識　有的人在電車內也會講手機，有的人會關機，僅僅是從講手機的禮貌也能顯示出其個性。

依賴手機是一種文明病？

〈布萊克的學說〉

- 太過靠近 ➡ 有「說不定會受傷害」的恐懼。

- 太過遙遠 ➡ 有「總是一個人……」的孤獨感。

取名為豪豬困境

因為害怕直接面對面地談話，
所以依賴手機跟簡訊！

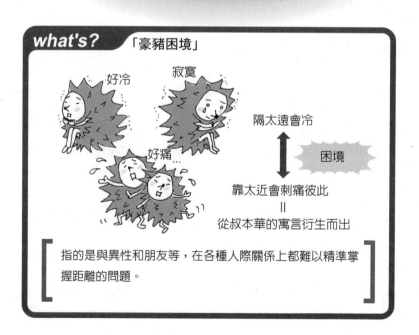

what's? 「豪豬困境」

好冷　寂寞

好痛

隔太遠會冷

困境

靠太近會刺痛彼此
＝
從叔本華的寓言衍生而出

指的是與異性和朋友等，在各種人際關係上都難以精準掌握距離的問題。

「所以我早說了吧！」會這樣說的人？

對已經結束的事情放馬後炮，再怎麼樣也來不及了。在這種不服輸的言論背後，可以看出隱藏其中的精神官能症患者的真面目。

明明之前就同意的事情

總務部要組隊參加公司運動會的接力賽跑，因為A先生說「我跑步比較慢，所以把我安排在第三棒好了」，造成部門內起了一點小爭執。結果把A先生安排在最後一棒的戰略，在A先生之前的跑者儘量拉開距離，為A先生創造較大贏面。

到了比賽當天，結局卻出乎意料。A先生接棒時雖是第一名，但卻逐漸讓位給其他跑者，很遺憾地總務隊最後只獲得第三名。這時B先生突然跳出來說：「所以我那時候不就說了，不要排最後一棒給A先生比較好嗎？」B先生在討論的時候，明明就同意大家的意見，事到如今才說這種話，是為什麼呢？

害怕自己失敗

不少人像B先生這樣，看到別人失敗就會說「所以我早說了吧！」這樣的言論。這種類型的人，經常覺得自己是正確的，不肯輕易認輸。自尊心很高、總是希望被他人所尊敬、獲得他人認同。

話雖如此，他們欠缺在談論的過程中說服他人、貫徹自己意見的勇氣，只要想到自己的意見可能不被順利地採納，就覺得十分害怕。「所以我早說了吧！」就是一種等結果出來之後才講的話。結果都出來了才忍不住放馬後炮，是因為討厭自己的存在被忽視。話講得辛辣，其根源可能是一種精神官能症。

 小知識　如果用「那時你也同意阿！」來反駁「所以我早說了吧！」的人，人，恐怕對方會勃然大怒，比較聰明的對應方法是隨便聽聽就好。

放馬後砲的人的個性

他們各自的心情是？

為什麼會說出「所以我早說了吧」呢？

 想要表現只有自己的意見是正確的！

→ 自尊心過高

 因為不想要負擔失敗的責任，想要事先為自己辯護！

→ 有精神官能症的傾向

 自尊心比別人高一倍，對自己的評價很高，為了逃避責任，也不能貫徹自己意見的人，說不定就是精神官能症患者！

男性在失戀後無法立刻振作起來的理由

一場戀情結束時，男性總是會頹靡不振。他們會不斷喝酒、找朋友吐苦水，無法立刻振作起來。

無論到何時都一直糾結於過去

一旦失戀，女性會立刻大哭一場，哭完後也能夠爽快地迎接下一場戀情，這樣的模式相當明顯。然而，男性總是會頹靡不振，甚至會被人說「像個娘們」。不過這是因為男女腦部構造不同所導致。

男性的腦部，比起一般被認為是路痴的女性來說，空間認知的能力較高。因此，男性比較能在腦部內建立各種真實情境。比方說，如果那時候爽快地向女朋友道歉，說不定就不會被甩了，一旦腦內浮起這種想法，後悔之情就會不斷地產生。

相對於此，女性善於應變各種情況，也容易順應生活模式的劇烈變化，因此比較容易找到新戀情。

持續說前女友壞話的男性

此外，也有男性在被甩了之後到處說前女友壞話，這並不表示討厭前女友，而是一種糾結於過去的狀態。因為「被甩了」這種現實太過痛苦，而難以接受。正因如此，為了保持心理平衡，會對自己說「她的個性太差，分了正好」這樣的話。

像這樣把自己正當化的行為，稱之為「消除認知失調」。簡單地說就是「不認輸逞強」，但也可說是拚命地保護自己、想要重新振作起來的的證據。實際上，當想找新女友時，就會變得不再說前女友壞話。

> **小知識** 一旦與喜歡的人分手，心理平衡就會大大地被擾亂。消除認知失調，也是為了消除這種心理不安的一種防衛手段。

說前女友壞話的理由

童話《狐狸與酸葡萄》的心理

吃不到～

跳
跳

想要採葡萄的狐狸一直跳，
可是還是摘不到。

反正是酸葡萄，
吃不到就算了。
＝
因為不肯承認自己跳不高，
所以只好找藉口。

說前女友壞話的心理

再見了～

不要走～

深愛的女友突然提分手，戀
情宣告破局。

反正她那麼愛花錢，
我才想提分手呢！

因為不肯承認自己沒有魅
力，所以只好找藉口。

 藉由找出恰當的理由讓自己接受，來保護
自尊！

看到隊伍就想排的心理？

人們為了一碗拉麵，不管是一小時還是兩個小時也會高高興興地等待。
理應忙碌的現代人，為什麼那麼喜歡排隊呢？

和大家一樣的話才會感到安心

近來大受歡迎的拉麵店人潮受到注目，就連電視及雜誌也加以報導。明知道要等很久，人潮還是不斷湧來。為什麼大家願意排這麼久的隊呢？

這不只是因為想去熱門的店家看看，也是好奇心正在作祟。這種心理學上稱為「從眾」的表現，是指人會使自己的步調配合多數人來行動。社會心理學家米爾格拉姆雇用了臨時演員，讓他們站在路上仰望高層大樓，以此實驗證明了這一點。明明大樓頂端什麼也沒有，可是當有三個演員仰望大樓頂端時，約有六成的路人會停下來跟著抬頭仰望。當演員增加為五個時，幾乎有八成都會跟著仰望。去排隊的人也是因為看到有這麼多人排，覺得不能落於人後，於是與大家採取了相同的行動。

隨著等待的時間愈久，期望就愈高

此外，不可思議的是，據說在隊伍中某些人連排的是什麼隊都不知道，可是隨著隊伍愈來愈長，情緒就會愈來愈高昂。這是因為事先覺得會有好東西，所以提高了期待。

因為腦部在心情暢快時會分泌一種叫做多巴胺的荷爾蒙，這種腦內分泌物有使人情緒高昂的效果。喜歡排隊的人，只要看到大排長龍，腦部就會自動分泌多巴胺，自己也會變得很想排隊。也有店家利用這種心理，在開店時特別請臨時演員排成一列。

小知識　即使是賣同一種商品的店家，較會宣傳的店家生意會較為興旺，也是因為從眾的關係。

排了隊才能安心？

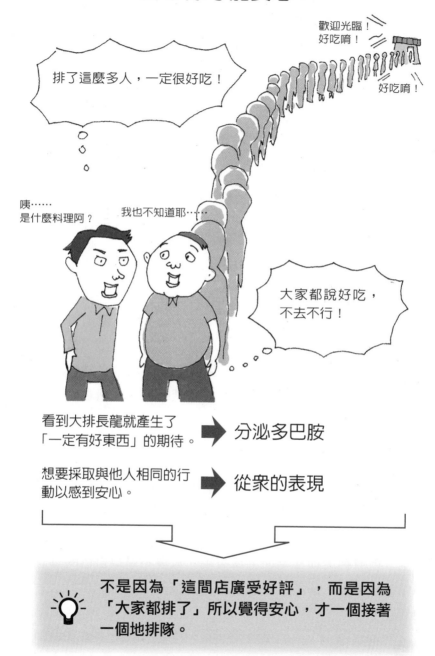

看到大排長龍就產生了「一定有好東西」的期待。　➡　分泌多巴胺

想要採取與他人相同的行動以感到安心。　➡　從眾的表現

不是因為「這間店廣受好評」，而是因為「大家都排了」所以覺得安心，才一個接著一個地排隊。

會被好聽話所欺騙？

有的人會被可疑的投資訊息所騙，投入大量金錢，好不容易存下來的珍貴存款就這麼沒了。明明只要稍微想一想就……

不會被騙的人以及會被騙的人

「會賺喔」「投資報酬率很高喔」，對方靠著這種好聽話募集資金，然後就失去蹤影的詐欺事件時有所聞。雖然每次新聞報導時都再三呼籲民眾，但還是有人被騙。就像「天下沒有白吃的午餐」這句話一樣，聽到可疑的投資訊息時，大部分的人都會懷疑「有這麼好的事嗎？」不過到了最後，會被騙的人跟不會被騙的人身上有著決定性的差異，那就是自尊心高低的不同。

所謂的自尊心，是指對於自己的自信與榮耀，也就是自負。雖然自尊心過高，會給人傲慢的印象，但是恰當的自尊心可以幫助我們在社會生活中做出適當的判斷，對於常保精神健康，是不可或缺之物。另一方面，自尊心低的人在人際關係上經常是被動的，會吞下別人的一切批評。這種關乎自尊心高低的想法，稱之為「自尊心假設」。

聽從權威者的意見

自尊心低的人，有容易相信、毫不懷疑權威者或是相較於自己位居上位者的傾向。即使那個權威跟地位是假的，也無法看穿。所以只要一聽到「投資報酬率很好喔」「可以連本帶利地賺回來唷」這種話，就會輕易地接受而上當被騙。只要不是以自己的意志力去對事情追根究柢，那麼不管幾次都仍會被騙。為了保護自己，自尊心也是必要的。

 自尊心低的人，說好聽點是純樸。可是，如果從不聽從誰的意見就無法自己下判斷這一點來說，就有過度依賴他人的傾向。

自尊心低與高的特徵

對自己沒什麼自信……

我可是一個有用的人喔！

自尊心低的 A 先生	自尊心高的 B 先生

・總是在人際關係上被動
・容易聽從周遭人的意見

・採取需要負起責任的行動
・對自己的言行有自信

這兩個人如果聽了　權威者的意見會？

「因為是他說的話，一定沒錯」
而毫不保留地接受。

如果發現矛盾或可疑之處會
加以反駁，沒那麼容易聽從。

自尊心低的人因為對自己的能力沒什麼自
信，所以容易被他認為比自己優秀的人所
欺騙！這就稱為自尊心假設。

為什麼會把傘忘在電車裡呢？

我們有時候會把傘或是文件忘在電車上，就這樣下了車。讓我們試著來研究一下這樣漫不經心的小疏失吧！

長期的習慣會妨礙記憶力

在早上下雨，但是中午雨就停了的日子裡，很多人會因為覺得麻煩，而不自覺地把傘忘在電車裡。因為通勤時固定在特定目的下車，所以對車站變得很熟悉，熟悉到即使打瞌睡，也會在到站時自動醒來。而會犯下忘了拿傘就下車這種錯誤，被認為是因為「熟悉的車站」而造成的記憶力妨礙。大腦已經培養了「電車抵達目的地時提醒我」＝「馬上就下車」的習慣，只有下車這件事被視為優先的結果，傘的存在便自記憶中除去。

人在通勤時，不會一步一步地去考慮路程，而是身體會自然地行動。這是因為同樣的事情已經重複了許多次，記憶痕跡呈現十分穩固的狀態。這樣雖然大腦的負擔變得較輕，但另一方面，也有運作不靈活的缺點，如忘記不存在於記憶痕跡中的「傘」。

妨害記憶力的另一個例子

不過，如果是接下來有迫在眉睫的重要會議，在這種強烈緊張感影響下的狀態忘記拿傘，事情就有點不一樣了。這是因為過度緊張，所以忘了傘的存在。實際上也有緊張到甚至會影響運動機能的例子。比方說，要在很多觀眾面前站上舞臺時，人的行動會變得不自然。這是因為過度緊張，而忘記了腦部記憶的動作。

 即使是在卡拉OK常唱的歌，如果被人要求從中間的地方開始唱，也會唱不出來，這也是受到記憶痕跡的影響。

忘了拿傘的過程

人的內心通常會同時有一個以上的想法在進行。

腦部常常會輸出很多必要的資訊給身體行動。

↓

但這個情況……「已經到站了，不下車不行！」

不過，在極度的緊張狀態下，會產生記憶障礙，使得腦部取出記憶的動作失敗。

↓

稱之為「動作倒錯」

what's?　「動作倒錯」

「這樣做吧」，像這樣明明已經預先決定好接下來要採取的行動，卻還是在無意識之中採取了別的行動，稱之為「動作倒錯」。是從佛洛依德的無意識理論衍生出來的想法。

想事情的時候爲什麼會往上看呢？

為什麼有的人想事情的時候會往上看呢？這是為了不讓多餘的事物進入視線範圍內，在潛意識間產生的動作。而且眼球的方向代表不同的心理狀況喔！

潛意識地往上看

當被人家問到：「昨天晚飯吃什麼呢？」你回答：「嗯……漢堡跟水煮青菜……」，這時爲了回想起吃什麼，眼睛會潛意識地向上看吧。爲什麼人在思考的時候，眼睛會向上看而且停住視線呢？

注意眼球的方向

根據神經生理學專家所說，人在考慮事情的時候會往上看，是因爲避免讓多餘的東西進入視線範圍。也就是說，向上的動作是一種切斷跟對方溝通的行爲。這時候如果眼珠轉向旁邊，可能會讓對方誤解爲拒絕之意，如果眼神向下的話，則有可能會被認爲是太過困惑才往下看。因此就只能往唯一剩下的上方看了。

而且，根據此時眼球停止的位置，可以知道對方講的是他實際的體驗，或者只是虛構的話。比方說，在談到過去的經驗時，一般人會往左上方看；但是在想像一些未曾體驗過的事情時，會傾向於往右上看。一邊講自己的經驗談，卻一邊往右上方看的人，所講的話很有可能是虛構的。

此外，當人往左下方看的時候，可能是想到跟音樂或聲音等有關聽覺的事物；往右下看時，可能是想起肉體上的痛苦等和身體有關的事物。難道這就是所謂的「眼睛會說話？」

 本篇的例子是整理右利手者的分析調查結果而成，左利手者的情況可能會有所差異。

眼球的方向與腦部的思考

往右上看
想像過去未曾看過的情景與事物。詢問對方經驗，但對方回答時往右上方看，則很有可能是騙人的！

往左上看
正在回想自己過去的經驗、曾經看過的風景。詢問對方經驗，對方回答時往左上方看，則應該是誠實地回答。

往右下看
想起痛或是癢等身體上的感覺時，或是講述受重傷的經驗時，眼球有容易往右下方看的傾向。

往左下看
想起歌曲或是音樂等跟聽覺有關的事物，或是哼唱熟悉的旋律時，有往左下方看的傾向。

以不幸爲傲是自我中心的表示

有的人因為一點小事情遭遇到責難與白眼，卻仍能喜孜孜地講述這些事情。明明是不幸的事情聽起來卻好像很快樂一樣……

比賽誰比較不幸的人

當某人說「今天早上跌倒，膝蓋擦傷」的時候，他的朋友卻像是在比賽一樣地回答「我可是從樓梯上跌下來喔」。你有看過像這種以不幸爲傲的情況嗎？

確實，以不幸爲傲的行為本身是有某種程度的正面效果。跟旁人談話時，變得能夠客觀看待不愉快的經驗，即使是悲慘的體驗，也能夠不會感受到不快與羞恥，而保持心理狀態的安定。

不過，如果過度地以不幸爲傲，則應該視爲「自我表現欲望」較爲恰當。感嘆自己不幸的經驗，可以喚起他人的關心，喚起他人「這樣眞的很辛苦呢」「好可憐」的感受，以得到他人的關懷。

可憐的悲劇主角

此外，經常以自己的不幸爲傲的人，跟不考慮對方的心情就大吐苦水、喋喋不休的人一樣，是沉浸在自憐自艾之中，陶醉於悲劇英雄或是悲劇女主角的自我形象。以不幸爲傲的人常會誇大其詞，仔細一問，很多時候只是發生沒什麼大不了的事。這可以說只是爲了吸引大家的注意力，所做的表演行爲罷了。眞正遭遇到重大不幸的人，應該根本沒有向他人感嘆自己不幸的閒暇才是。將自己的不幸誇大其詞，有時候只是一種自我中心的表現。比起對方的狀況，這樣的人只關心誰會對自己伸出援手而已。

 小知識 以不幸為傲的人，內心很有可能覺得自己並沒有這麼不幸。

以不幸為傲的真正意圖

蒙提派森的喜劇

《live at the Hollywood bowl》
四個有錢的紳士以自己年輕時的貧窮為傲，相互比較的故事。

紳士 A：
「我住在沒有天花板的房子喔！」

紳士 B：
「我可是把地板分一半出去，與其他 26 個人住阿！」

紳士 C：
「等等，我可是睡在走廊上過活阿！」

紳士 D：
「才不，我可是夢想能睡在走廊上阿！」

紳士 A：
「什麼跟什麼阿，我可是在地上鋪個防水布就當床睡了」

紳士們甚至誇飾自己的不幸，不停地以不幸為傲。

藉由向周遭的人展示可憐的自己，來表現「我與其他人不同」。
＝只是想滿足自我表現的欲望！

心理學的曙光初現，在於哲學。

　　所謂的心理學是什麼呢？這是指把人的概念跟心理狀況究竟是怎麼一回事，做科學性的區分、分類、分析的研究領域。心理學據說起源於考慮「心是什麼」的哲學，發端於亞里斯多德的心的研究。到了19世紀末期，德國學者馮特建立起現代心理學的科學基礎。

　　哲學是尋求自己內在意識的學問，馮特則是嘗試區分構成意識的要素，並將之取出、加以分析的方法。這在精神物理學領域被稱為「構成式」。

心理學體系

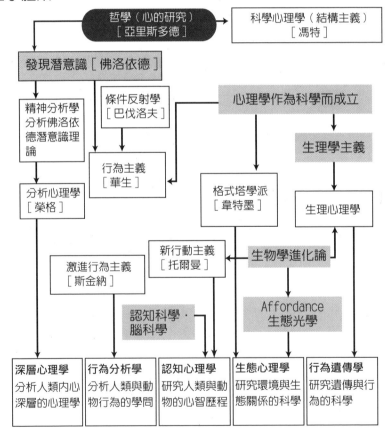

「解讀」上班族的小動作！

本章將會針對商場上看的到的小動作進行解讀。

為了讓人際關係更加圓滑，

從重要的商業夥伴到公司內部，

我們將需要預先知道的上班族心理分成

顧客、部下、同事、上司四個範疇加以介紹。

用雙手跟人握手是熱情的表現？

從拱手作揖這種東方傳統的招呼方式，到現今流行握手這種西方文化，蘊含在對方手裡的想法是什麼呢？

用兩隻手包覆對方手掌的握手方式

去對方公司拜訪了好幾次，N先生第一次被案子負責人介紹給對方的部長。「我們聽你報告好幾次喔！」對方微笑著要與N先生握手，N先生伸出右手，部長馬上強而有力地用兩隻手握住。對於這種被兩隻手包覆手掌、強而有力的握手方式，N先生感到有些害怕……

區分誠意與威迫性的態度

從觀察握手效用的實驗可以明確得知，只要進行這種身體接觸，即使是初次見面的對象，也能容易抱有親近感。把產生這種效果的小動作強化為雙手握手的人，大部分都是充滿熱情的人。這個例子裡面的部長恐怕就是個熱血男子，屬於喜歡激勵部下、引發幹勁的類型。部長對於部下努力與N先生討論感到滿意，潛意識之中以握手的方式透露出了自己的心意。

根據動物行為學者德斯蒙德・莫利斯的研究，握手是一種「誇大自己熱情」的動作。不只是單手，而是加上另一隻手握住對方的手腕、拍對方的肩膀，被認為是可以同時讓對方看見自己熱情與誠意的行為。

不過，太過用力握手的人，除了想要給人有誠意的印象之外，也有人是想要傳達自己的能量很強，藉以威嚇對方。

 只以指尖隨便握一下而表示出拒絕感，跟過於大力握手使對方疼痛的人，都是想要支配對方。

握手對他人的影響

〈觀察握手效用的心理實驗〉

1. 在矇住眼睛的情況下談話

態度冷淡

＝

好感 ⬇
下降

2. 不交談，相互凝視

有距離感

＝

好感 ⬇
下降

3. 矇住眼睛、互不交談的情況下握手

感受到溫暖
的信賴感

＝

好感 ⬆
上升

💡 藉由身體接觸（握手），可以卸除對方的
心防！

閉著眼睛聽別人說話？

當對方閉著眼睛時，我們難免會擔心他是否真的有在聽自己說話。為什麼對方不張開眼睛呢？

閉著眼睛聽別人說話

　　合作案子的負責人常常在商談到一半時，就坐在椅子上閉起眼睛。自己雖然很認眞地說明，卻總是擔心對方是否有聽進去。而且愈是重要的案子，愈需要聆聽對方的決定時，這種傾向就愈嚴重……

關上自己的心門

　　一旦對方閉上眼睛，你可能會擔心他是否對自己的談話毫無興趣。不過在上述案例中你可以當成對方是認眞在聆聽自己的發言。正因爲認眞聽自己發言，所以才要閉上眼睛，認眞思考對於提案的回應。

　　這也就是說，當人在想要集中注意力或是做出困難的抉擇時，不想要受到周圍的事物擾亂、分心時，會有意識地阻絕來自外部的刺激。閉上眼睛以隔絕視覺所提供的資訊便是其中之一。只在重要提案時才會看到對方出現這種行爲，這正是因爲他在此時才會全力以赴。

　　不過，在別人講話的中途閉上眼睛這種行爲，也有可能是不想讓對方判別自己思考的一種防禦方式。就像「眼睛會說話」這句話所述，眼睛是最容易表現人類感情的身體部位。由說話者來觀察聆聽者的眼睛動向，可以大概推測到對方的想法。說不定負責人是在聽取發言的內容，準備提出對自己公司更加有利的方案。

 小知識　從眼神裡可以透露出各式各樣的感情。比方說誠意、信賴感、依賴，甚至是敵意，都可以看得出來。

了解閉上眼睛的人的真正心意！

藉由切斷視覺提供的資訊來集中精神談話，另外一方面，也是為了保護自己的想法或思緒不被對手察覺。

說不定是一邊防止眼睛洩漏自己的心意，一邊準備更好的回應？

對方重新繫緊領帶？

面對面商談的對手，突然重新繫緊了領帶時，說不定是他打開「認真模式」開關的證明！

突然把手伸向領帶！

在「提高本公司銷售額」期間，受命開發新顧客的M先生前往某商社。有兩個人出來接待M先生，其中一個人很認真地看著簡介與報價單，聆聽M先生的說明。但是另外一個人看起來絲毫不感興趣，一言不發地將雙手環抱於胸。

突然間，一言不發的人放下雙手，重新繫緊了領帶。M先生有些慌張，心想該不會是讓對方覺得無聊了吧？

重整心態的象徵

這種情況，很難認為是對方覺得無聊。恐怕再沒多久，一直一言不發的人就要開始發言了。緩緩重繫領帶的動作，是把目前為止對於對方及其談話內容的關注，轉向自身的一種潛意識動作。這種心理稱為「自我凝視」，可以比擬為貓或鳥整理羽毛時的樣子，也稱為「理毛」（grooming；整理皮膚、毛髮之意）。因為注意力轉向自身，所以在意儀容，將之準備萬全後，再表現出「來吧，請注意我」的訊息。

你有沒有看過在開會時，想要發言的人一邊站起來一邊整理領帶的樣子？一直一言不發的談話對象所做的，就是跟這個同樣的行為。重新打好領帶，是他表達「這次輪到我上場了！」的象徵。

 除了自我凝視之外，也有學說認為這種機制是防禦表現的一種。

藉由整理服裝儀容來吸引大家的關注

為什麼要重新繫領帶呢？

 想要周遭的人注意自己

把目前為止投注在外的關注轉向自己，變得在意服裝儀容。

 差不多輪到我講話了！

想要中斷目前的談話，讓自己受到注目。

＝

「自我凝視」

what's?　「自我凝視」

在意旁人的眼光，因而想要確認自己服裝儀容的行為。除了領帶之外，也會調整眼鏡。

肢體動作大的人都很善變？

搭配肢體語言大聲說話的人，呈現出了一種意外的魅力。像這樣的人內心在想什麼呢？

聲音洪亮、肢體動作大的人

客戶C先生是位非常具有魅力的人，每次與他協商，談話總是被牽著鼻子走，完全按照他的步調在進行。確實C先生很善於說話，特別引人注目的是他洪亮的聲音、誇張的肢體動作。「這個，就像這樣！」C先生一邊說一邊揮舞著拳頭，不知不覺間注意力就被他的手勢所吸引，承諾了難以實行的條件。

肢體語言是熱情的表現

是什麼時候開始著了C先生的迷呢？這是因為他的情感豐富，企圖直接傳達自己心意的姿態，很能喚起旁人的共鳴。洪亮的聲音跟誇張的肢體動作，把自己的思考跟感受毫不保留地傳達給對方之後，心情也會跟著高漲起來。這樣的人不會靠商業性的談判技巧，而是靠熱情抓住對方的心。

不過，像C先生這樣類型的人，因為太過於想要將自己的心情傳達給別人，而較不擅長考慮對方的想法、注意周遭人的心情。但是因為他能夠確實地傳達自己的想法、具有說服力的關係，周圍的人會意外地變得有幹勁，如他所預期的配合節奏來商談。就這一點而言，此一類型的人很多都能夠順利完成工作。

另一方面，這類型的人一旦期待落空，表現也很直接，會意志消沉到讓周圍的人十分擔心。不過，意志消沉歸消沉，因為恢復得特別快，所以常在周遭的人靜觀其變時就恢復了，也可以說是擁有善變的一面。

小知識 講電話時肢體動作也很大的人，通常都有不服輸的傾向。這類型的人只要熱衷於某件事，就會失去對周遭的注意力。

隱藏在肢體語言裡的真正意圖

為什麼要做誇張的肢體動作？

 想要吸引對方的注意力！

　　　拚命地將自己的想法
　　　傳達給對方。

 熱衷於自己的談話，無法注意周遭的情況。

　　　只注意表現自己的情感。

因為情感表現豐富，善於將自己的心情傳達給對方！＝具有個人魅力，但是很善變的類型。

一直不停點頭的人在想什麼？

可別太早把點頭斷定為「同意」與「注意」。實際上對方說不定早就厭煩了談話的內容了。區分兩者差別的重點在哪裡呢？

點頭真的是同意的象徵？

在協商時，交易往來公司的負責人專心地聽取簡報。雖然看起來很有興趣的樣子，但對方點頭的次數多得令人有點在意。像「嗯嗯嗯」這樣的連續性回應，跟自己的話是否講到一段落完全無關，而是一直不停地點頭。雖然對方率直地接受自己意見令人高興，但是太過頻繁地點頭，反而令人有點不自在。這到底是怎麼一回事呢？

由點頭的方式來了解對方心裡在想什麼

一般來說，點頭被視為表示同意或注意的象徵，實際上來說則分成兩種層面。一種當然毫無疑問地是表示同意，另一種則是「不關心」「心不在焉」「無聊」等負面情感。

看穿這兩種層面的關鍵，就在於點頭的時機。比方說，在自己話語的段落之間和尋求同意時的點頭，就可以視為「同意」的象徵。這就是對方必定有認真聆聽自己的談話，對自己講的話有興趣的證據。不過，如果是像上述的案例一樣不停點頭，就表示對方對自己的談話沒興趣，感到厭煩了。此時對方的真正想法是「想要早點結束談話」。或者有可能是談話已經走往對方不感興趣的方向，所以變得心不在焉。對方有可能想要藉由點頭的方式，企圖不讓自己發現這點，但不小心做得太過火了。如果能夠理解這種「點頭心理學」，在商場上與人一決勝負時，就能不讓對方知道自己的心不在焉，或是其他的心理狀況。

> 小知識　在自己發言之後，像是要確認自己談話內容一般不斷點頭的人，可說是相當有自信的人。

點頭的次數與關切程度的關係

在談話的段落間，良好的時機下點頭
＝對方的談話很有趣！能喚起共鳴！

另一方面

與談話的段落區分或是與提問時機毫無關連，只是
一個勁地猛點頭。
＝對方講的話好無聊！無法喚起共鳴！

 過於頻繁地點頭，一般來説有很高的可能性
是已經對談話內容感到厭煩。為了引起對方
的興趣，應該試著轉換話題！

交涉對象的眨眼次數增加？

談話到一半時，對方的眨眼次數突然急速增加，是變得心虛的證據。是否應該把對手的不安當成機會，強勢地交涉看看？

對方的眨眼次數突然增加

與重要交涉對象談生意的筵席上，你有注意到在商談的過程中，對方的眨眼次數變多了嗎？因為之前沒有這種先例，所以必然不是對方的習慣。雖然對方向來是以沉著的態度，餘裕自如地協商，但是今天似乎相當沉不住氣……

以眨眼次數決勝負的總統選舉

在商場上，對手的眨眼次數像這樣突然增加時，就是大好機會。人在緊張時，眨眼的次數會潛意識地增加。總之，拚命點頭這件事本身，可說是情緒伴隨著緊張，同時也感到不安的證據之一。美國的心理學者托葉慈調查過1988年喬治布希跟麥可杜卡基斯角逐美國總統寶座時，兩個人在電視辯論會時的眨眼次數。調查結果顯示，杜卡基斯的眨眼次數較多，觀眾評價他欠缺作為總統的沉著冷靜。此外，在2004年的美國總統選舉，小布希與高爾舉行公開辯論會時，據說在第一次辯論會，小布希的眨眼次數較多，高爾就擁有較多的支持者。到了第二次辯論會，小布希的眨眼次數變少，勝負就逆轉了。

由上述的案例來看，可以判斷對手在交涉時眨眼次數增加，是覺得緊張與不安的證據，此時可以一鼓作氣壓倒對方。進攻心虛的對手，說不定可以得到超出預期的成果。

 戀愛情境下的眨眼另當別論，因為眨眼在此時是對方在意你的證據，如果是「曖昧」的對象，說不定可以發展成正式關係？

杜卡基斯的落選與眨眼的關係

〈托葉慈的調查〉

托葉慈調查了 1988 年美國總統大選時,在電視辯論會上兩個人的眨眼次數。

候選人麥可杜卡斯基

比起一般人 1 分鐘眨眼 20 次,杜卡斯基平均起來接近一般人的 4 倍,眨了 75 次。

候選人喬治布希

平均起來超過一般人的 3 倍,記錄顯示為 67 次。但是比起候選人杜卡斯基少。

結果,布希獲勝了 !!

[當人陷入強烈的緊張狀態時,無意識的眨眼次數會增加。]

總之

因為候選人杜卡斯基陷入極度緊張的狀態,眨眼的次數超乎尋常。

被選民認為是無法冷靜沉著的人,不適合擔任美國總統,因而落選。

當交涉對象用手摸鼻子時，表示他在說謊？

交涉時，如果對方講到一半用手摸鼻子，那就要小心了。說不定這是他的「詭騙」，想要掩飾自己說謊的行動。

談話到一半，觸碰鼻子的心理學

A先生與交涉對象商談時，在談話進行中開始感到不對勁。上一次協議好的內容，跟這一次對方所講的話有所差距。「可是按照之前的協議，您說的是要照這個方向走……」A先生決定指出問題點，對方一邊講話且聲音變小，一邊頻頻用手摸鼻子。此時，對方的內心到底是怎麼一回事呢？

為了隱藏表情變化的小動作

這種時候對方有可能是在說謊。人在說謊時無法意識到自己表情的改變，因此會在潛意識間把手伸向臉部的某處，這在心理學上稱為「詭騙」（Deception）。英國的動物行為學家戴斯蒙・莫里斯的研究也指出，人在說謊時用手托下巴的次數、吞口水的次數也會增加。亞倫・皮斯的《說話前，先想好要伸哪根手指：肢體語言終極天書》（The Definitive Book of Body Language）一書說明了人體的運作機制：人在說謊時會分泌一種叫做兒茶酚胺的化學物質，使鼻子的內部組織膨脹，甚至連血壓也會上升。鼻子膨脹就會刺激末梢神經導致發癢，自然就會伸手去摸鼻子。在商場上經常只會注意談話的內容，但最好應該連對方的小動作也一併觀察。

 美國前總統柯林頓在路易斯・呂文絲基事件中，於法庭作證時也摸了26次鼻子。

摸鼻子是說謊的證據？

摸鼻子的理由之一	摸鼻子的理由之二
藉由掩蓋住嘴部，不讓對手察覺表情的變化。	鼻子因為壓力變大受到刺激而發癢，忍不住伸手去摸。

真正的心聲

我在說謊，不想被人發現！

> 同樣地，有話想說卻不能說出口，像這樣忍耐著什麼事情的時候，也會伸手去摸鼻子。

＜例如＞
・男朋友幫女朋友準備生日驚喜的時候。
・孩子偷偷幫母親做好家事，忍住得意洋洋的表情。

 總之，不一定是「想要掩飾自己說謊」時，想要隱藏自己的真正心意時，也會伸手摸鼻子！

超出必要程度的深深鞠躬是排斥的意思

鞠躬，也就是低頭的動作，除了打招呼之外也用於請求與道歉。從鞠躬的角度，也可以看出對方的心理狀態。

深深地鞠躬

　　公司的後輩被叫到課長座位旁，看起來課長似乎想訓斥他，小聲地說著「這樣子是不行的」。由接下來聽到的隻字片語觀察，與其說是斥責，倒不如說後輩似乎成了課長發洩壓力的對象。然而不可思議的是聽到了後輩道歉「真是非常抱歉」並深深地低頭鞠躬。雖然心裡覺得後輩真能忍，可是……

就連看都不想看到對方

　　這位後輩可說是採取了一個真正出了社會的人該有的態度。不過，被用來當做消氣解悶的對象，總是令人感到相當不悅。一般在商場上會用到的鞠躬，大約是停留在前傾15度左右。如果對方跟自己是同樣的地位，這樣就差不多了。即使對方地位比自己高，大概30度左右就十分恰當。如果鞠躬超過30度以上，是在打從心底道歉與請求時，為了讓對方看到自己的誠意才會這樣做。

　　像後輩這樣，明明沒什麼理由卻被逼著要道歉而深深鞠躬時，說不定是一種厭惡感的表示。因為覺得不想要看到對方的臉，不想要對方進入自己的視線範圍內，所以才會持續地深深鞠躬。

　　總之，與其說是想要道歉，不如說是對於這種不講理的行為感到憤怒，出自於對上司的排斥感所以深深鞠躬。

　　被人深深鞠躬時，大多會覺得有罪惡感或能平息怒氣。正因如此，所以鞠躬在道歉時特別有效。

從鞠躬的角度來看關心程度

〈商場上一般常用的鞠躬〉

關心：

一邊鞠躬，一邊在視線範圍內確認彼此的姿態。

〈接近 90 度的深深鞠躬〉

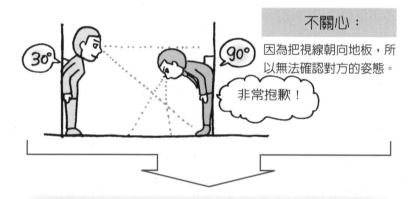

不關心：

因為把視線朝向地板，所以無法確認對方的姿態。

打招呼時的鞠躬，一般是在 15 度～ 30 度之間。

如果不是道歉時卻深深鞠躬的話……

不是尊敬也不是善意，而是表示排斥！

 總之

 可以藉由鞠躬的深度來了解對方的心理狀態！

就座順序會表現出部下的幹勁

由開會時部下的座位，可以看出他對工作的熱忱程度。上司應該抓住看穿部下的機會，好好觀察一番。

人各有其喜歡的座位

部門開會時是採取自由座位制，可是兩個年輕部下卻總是坐在固定的座位。比方說B先生喜歡坐在長方形桌子長邊的正中央，C先生喜歡坐在最遠的座位。有什麼理由要執著於某個座位呢？

顯眼的座位跟不顯眼的座位

這種情況下，重點在於選擇的座位是「顯眼的座位」還是「不顯眼的座位」。如果是長方形的桌子，最顯眼的位置就是短邊的座位。接下來就是B先生所選的長邊正中央的位置。選擇短邊座位的人，多是想發揮領導能力，把大家拉過來自己這邊。喜歡長邊正中央位置的人，多是在意周圍的人，想要不著痕跡地引導大家。可說是聽完所有人的發言之後，再發表自己意見的最佳位置。反過來說，像C先生這樣喜歡躲在別人背後的座位，通常都欠缺參加會議的意願，可說是性格消極的類型。

此外，根據美國心理學者史汀薩的研究，在團體會議時，小團體之間會出現競爭對手坐在彼此對面的傾向。如果在每次都會換座位的會議時，部下的對面坐的都是一樣的人，請務必注意他們的發言，想必是彼此爭論、互相辯駁的情況。

 像腦力激盪（Brainstorming）這種希望使討論活潑化的會議就適合圓桌。因為沒有上座，大家都是對等的座位。

座位順序隱含的意義

B先生

上司

C先生

| B 先生的情形
（長邊的正中央座位） | 在聽完所有人的發言之後再發言時，
可以讓大家聽清楚自己聲音。 |

幹勁十足！

C 先生的情形
（最靠邊、不起眼的座位）　　離上司最遠、最不醒目的座位。

毫無幹勁……。

what's?　「史汀薩效應」

某個曾經共同討論過的人也有出席會議，即使他身旁的座位是空的，有些人也會坐在對面。像這樣的情況，後者通常會想要反駁前者的意見。

模仿上司的部下？

對於自己所尊敬的對象的動作與行為抱有憧憬是正常的事情。不過，如果想要加以模仿，又是出於什麼心理呢？

從頭模仿到尾的部下

Ｏ先生從打扮、興趣到說話方式，不知為何都跟Ａ部長極為相似，似乎是忍不住想要模仿自己尊敬的部長。確實Ａ部長因為能力很好，在下屬之間頗有人望，公司內也有很多人景仰他。但是話雖如此，好像也沒有人像Ｏ先生這樣從頭模仿到尾？

模仿就是同化

首先Ｏ先生一定是打從心裡尊敬Ａ部長，這點無庸置疑。因為人會對與自己相似的人抱持好感、感到有吸引力，因此會開始模仿自己有好感的對象的動作跟行為。這稱為「同步效應」（Synchronize），情侶之間會做相同風格的打扮，或是有類似的小動作，都是因為同步效應。特別是像Ｏ先生這樣，模仿自己尊敬的對象的外表、思考方式、行動，在同步效應中也被稱為「內射」（Introjection）。內射行為本身，是想要與對方變得一樣、想要與對方同步的強烈意圖的呈現，有不少案例都是在潛意識下進行的。

不過，Ｏ先生模仿Ａ部長，有可能不只是單純的因為憧憬這個理由。在某個心理實驗中，讓接受實驗者與初次碰面的人談話，結果顯示接受實驗者會對模仿自己動作的人抱持好感。像這樣反過來利用人類心理，使對方對自己抱持好感的方法叫做「鏡射」（Mirroring）。也許Ｏ先生是利用了這樣的小技巧，好讓部長喜歡他。

 小知識　在商場上與對方交涉時，為了讓談判往對自己有利的方向進展，經常會把鏡射作為談判的小技巧使用。

同步效應？鏡射？

〈同步效應〉的種類

1. 表面上的同步
只是為了不讓對方討厭自己，當場先在口頭上同意對方。

實際上內心無法接受。

2. 內化
打從心底同意對方的想法，因而表示同意。

實際上內心可以接受。

3. 同化
一心想要與抱持好感的對象建立更良好的關係，所以表示同意。

是經過思考後接受。

部下模仿自己所尊敬的上司此一案例中的同步效應，與 3 的同化吻合。

 另一方面

 不是尊敬或佩服上司的行為跟想法本身，有很高的可能性是抱持著「希望被對方接納」的私心＝鏡射。

喜歡使用專業術語的部下？

對於上司的提問，部下的回答中交雜著一個個專業術語，這的確是有好好用功過的證據，不過總覺得對這樣的回答方式有點令人反感……

謹慎地措詞遣字的部下

公司的新進人員I先生，應徵考試的成績十分亮眼，在新進員工訓練時的理解也很快，很多部門都希望招攬I先生到旗下。知道像他這樣優秀的新人被分發到課上，課長非常開心。然而分發之後馬上就見真章了，他在講話的時候總是使用過多的英文專業術語，所以很難了解他在講什麼，而且他似乎又很得意於自己的頭腦很好，使得公司的前輩對他的表現頻頻皺眉。

對自己的能力沒有自信

明明並不是沒有相同概念的字彙，I先生在談話時卻拚命地使用專業術語，這樣的心理其實意外地單純。就是他希望周圍的人對於自己實力的評價，能超出本人真正具有的能力以上。總的來說，正因為他對自己的能力沒有自信，這種自卑情結的反面表現，就是陳述很多專業術語，想藉此讓對方接受自己的意見。可是，因為只不過是從商業書籍上得來的知識，常常會出現實際上沒有經歷過的案例。特別是新人因為缺乏經驗，其論述常常只流於表面。

真正有實力的員工，根本不用虛張聲勢，且會用容易理解的字彙向上司報告。可是I先生作為一個新進員工雖然拚命地工作，恐怕內心還是惶惶不安吧？這種時候，詢問的人只要提出「那結論是？」這樣的問題，並引導他用簡單的字彙說出重要的部分，他就不會再虛張聲勢了。

 「T大的O教授也說……」像這樣引用權威佐證的發言，也是出於同樣的心理，應該說是狐假虎威。

正因沒有自信所以虛張聲勢

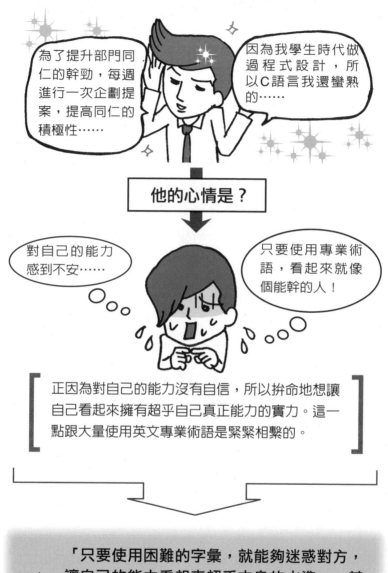

反射性道歉的人其實並沒有真的反省

每次都說「對不起」然後低頭道歉的部下，乍看之下給人率直的印象，其實他真正的心意好像並非如此。

只是稍微提醒就馬上道歉的部下

部下N先生，只是稍微提醒他一下，就馬上慌慌張張地道歉：「對不起！」身段低到讓人覺得「不需如此害怕吧」的程度。但是仔細注意一下，當出了大差錯而遭到斥責時，N先生也是做出完全相同的反應。也就是說不管什麼時候，他都只會說「對不起」。到底N先生是不是有正確理解自己所犯的錯誤，在程度上又有多少差異？

隱藏在「對不起」背後的心理

不論狀況，總是在說「對不起」的人，其實內心並沒有真正地反省。真相是他覺得只要道歉，就可以圓滿地收拾殘局，才做出這樣的舉動。或者是有意圖先藉由道歉來緩和對方的怒氣，即使受到斥責也可以減輕其程度。人在受到斥責等感受到壓力的情況，採用不讓壓力的負面影響顯現在行動上的對應方法，在心理學上稱之為「因應」（Coping）。比方說被罵的時候，反駁、找藉口都是因應的一種。像N先生這樣馬上道歉，也是一種因應。

這個時候道歉是想要從被斥責的現實中逃走，是逃避心態的表現。想要儘早逃離這個討人厭狀況的心理狀況作祟的結果，就是口頭上連連說著「對不起」。並不是真心覺得自己做了什麼壞事，只不過是為了逃避眼前的麻煩，而做出的應付手段。

 反射性道歉來應付場面的人，通常自尊都很低，精神上也很幼稚。

被斥責時的各種因應方法

反射性道歉

因為不想面對被責罵的現實,不擇手段地逃避。

歸咎於他人

想要逃避壓力。從把責任轉嫁給別人這種行為來說,可以看出該人的幼稚。

不道歉而反駁對方

攻擊性最強的減壓方式。非常討厭低頭道歉,多是頑固、有自信的人。

找藉口

為了逃避責任,想讓對方覺得「如果這樣的話也是沒法子的」,來減緩對方憤怒的程度。

 想要減輕受到的壓力,就稱之為「因應」。

「基本上」是為了逃避責任的保險桿！

想要利用「基本上」這樣的用語來把話說得曖昧的人，是想藉著避免把話說死而留有餘地……

在發言之初先說「基本上」的人

早上拜託部下製作報告，但是到了傍晚都還沒有要交稿的樣子。因為擔心所以詢問報告的進度，得到了「基本上已經寫好了」的答覆。一邊覺得身為一個出了社會的人，如果已經寫好了理應先向自己報告吧，一邊收下了報告書。這樣說來，他好像不管被問到什麼，都會先說「基本上」才開始回答。這跟他似乎無可救藥的欠缺自信的態度有關嗎？

推卸責任或是謙虛

像這樣會把「基本上」放在前頭才開始說話的行為，是缺乏自信的表現。就算自己完美地完成了被交付的工作，但因為沒有自信，擔心是否會被要求重做。因此一旦被指出缺失之處，就可以用「所以我說是基本上」作為藉口，事先預留下退路。這是心理學所謂的「自我保護」，相當於為了被罵時所做的保險。在這種情況下，可說是不想要背負被交付的工作責任這樣的一種想法在作祟。進一步來說，似乎也能看出在被追究不周全之處時，面對壓力而想要推卸責任、若隱若現的「沒有擔當」。

另一方面，也有人是把「基本上」的欠缺自信，視為是謙虛的意思。比方說出身名校的人被上司問到「什麼大學畢業？」時，會回答「基本上是T大」。這種情況下，可是說因為「不想被認為腦筋很好，而被託付麻煩的工作」這種自我保護的心態在作祟。

 即使是把「基本上」作為謙虛的意思使用，聽起來也難免有些討人厭，不應使用於對上司說話的場合。

使用模糊的字眼？

他的心情是？

因為對於自己全心投入的工作沒有自信，怕會受到斥責而感到不安。

因為萬一發現有漏洞時，可以用「我不是說是基本上嗎！」作為藉口，具有事先打預防針的意思。

「好煩啊」是自誇自讚的開始

自誇自讚的人，真的都那麼有自信？其實他們的心緒極為複雜，不少人真正心意其實並非如此。

開始自誇自讚的同事

這是發生在關係很好的同事3人組去吃午飯時的事。在吃飯時，C先生一副欲言又止的樣子。試著開口詢問他，他突然來了一句「哎呀，我現在好煩啊」。心想他是不是在煩惱什麼，所以又再度詢問，原來C先生被指名擔任下次計畫案的負責人。雖然是令人羨慕的事情，可是又擔心年輕的自己無法擔當大任，而部長的直接指名又無法拒絕。確實本人也許覺得很困擾，但是這聽起來只像是自誇自讚。

自誇自讚的人內心在想什麼？

在這種情況下，「好煩啊」會被當成是C先生為了平衡兩位同事心情的一句話。是為了要讓大家聽到自己被指名為負責人時，不會產生嫉恨之心所做的努力。不過，C先生的內心是否完全沒有誇耀之意呢？這也不見得，因為自誇自讚的人雖然乍看之下給人「有自信」的印象，不過反過來看不如說是沒自信的表現。稍微試著思考一下，周遭的人全都認為很能幹的人，是不會自誇自讚的。即使不為自己「打廣告」，周圍的人也都能認同。也因為對自己很有自信，不需要特別說些什麼。另外一方面，缺乏自信的人因為過於渴求周遭的認同，為了想表現自己而忍不住自誇自讚。總之，愈是自誇的人，愈是有可能對自己的能力抱有自卑情結。

 對於故做憂愁自誇自讚的人，最好的方法就是迎合他、吹捧他。對方心滿意足之後就不會再自誇自讚了。

自誇自讚的人，內心是很複雜的！

欸～好辛苦啊

好煩啊～

他的心情是？

想要誇耀被交付重任的自己

可是，又不想聽起來討人厭

理由之一 藉由自誇自讚來尋求周圍認同

理由之二 又擔心自誇自讚會讓聽的人不愉快

很有可能是對自己的能力抱有強烈自卑感的人！

總是說「不可能」的人是悲觀主義者

無論什麼事都說「反正不可能」這種負面發言的人，在現代人中相當多。這是沒有自信的表現嗎？

降低士氣的發言

在部門內新人選拔企劃的發表會前，有一批幹勁十足的團隊。可是，其中一位同事卻滿臉憂愁。問他一聲：「怎麼啦？」卻是得到「反正不可能的，一定不會順利的」這種消極的回答。而這種低迷的氣氛也讓大家高昂的情緒有點下降。為什麼他要在大家幹勁十足的時候，講出這種打擊士氣的話呢？

為了謀求精神穩定

愈是悲觀主義者（Pessimist），愈容易說出這種開倒車式的發言。不管對於什麼事情都只會預想失敗、挫折的情況，陷入負面思考的循環中。然後過於恐懼發生最壞情況時的絕望感，在開始之前就先以「不可能」設下了行動限制，同時也是自我保護的表現。

不過在這種心理的背後，也有「其實我也是很努力、想要被認同」，這種稱為「自我價值感」（Self-Esteem）的心理機制在運作。所謂的自我價值感，是希望被周圍的人認同為重要人物的渴求。明明想要滿足這種渴求，可是會先帶來不安，說出彆扭的話。這樣的事情多重複幾次，就會被自己的話語給束縛，無法發揮原有的實力，這樣的例子也很常見。對於這樣的人，就要以「有你在沒問題的」「我覺得你辦得到的」之類的方式加以鼓勵，讓他的自我價值感得以滿足，就能夠消除悲觀主義了。

 小知識 悲觀主義者或是厭世者又稱為「Pessimist」，樂觀主義者或是樂天派又被稱為「Optimist」。

把「反正不可能啦」當成口頭禪的人的特徵

他的心情是？

人在負面思考的時候，「反正」「結果」之類的喪氣話會有增加的傾向。

把喪氣話當成口頭禪的人，幾乎都會以負面思考。

有很高的可能性是屬於悲觀主義者！

what's? 「自我價值感」

希望能夠被他人認同自己存在的價值，如果能滿足其自我重要感，自信就會增加、幹勁也會上升。

用「總之」來掌控談話的人

有不少人會在談話到一半時，用「總之」替別人先下好結論。會這樣做的人，多半認為自己具有領袖特質。

在途中打斷他人談話

部門內的幾個同事一起成立了某個新的計畫案，因為都是同期進公司的，大家無所顧忌地交換意見，討論變得白熱化。可是無論是誰，只要開始發言，總是被某個人打斷：「總之，你的意思是○○吧？」因為他總是這樣擅自先下結論，使得對方的發言中斷，大家也無法好好地交換彼此的意見。另一方面，被打斷談話的人，因為發言權被剝奪而心生不悅，也使得會議的氣氛變差。

想要受到注目、自我中心的類型

其實像這種類型的人，具有受到大家注目心理才能得到滿足的傾向。如果誰說了一個有趣的話題，必然會引起大家的注目。可是這時候說了一句「總之」，就可以一口氣讓自己再度成為談話中心。話雖如此，即使吸引大家的注意，但是因為不想被對方的談話比下去，所以要先整理一次對方的發言內容，再做出結論。此外，這種類型的人傾向於認為自己頭腦清晰、有分析能力，是優秀的人才而抱有很強的自負心。也就是說，有很高的可能性認為自己是團體裡的領袖人物。所以打算藉由有條理地總結對方的想法，來向周遭展示自己的理解能力。然而令人困擾的是，即使妨礙到對方的發言，本人也不會覺得自己給旁人造成了不悅。

 常說「總之」的人為了要早點發言，常常只有聽取最表面的意思，而無法理解到對方話中的真意。

打斷對方談話的真正目的

不接公司電話的同事的眞心話

絕對不接公司電話的同事，傲慢的態度彷彿在說好像那不是他的工作一樣，實際上他是怎麼想的呢？

無視電話鈴響的同事

有一位同事，每次公司的電話響了，卻完全沒打算接起來。如果他是上司也就罷了，但接電話也是很重要的工作，他卻不肯做。我也有自己的工作要做，如果電話同時響起，最多也只能接一個。我忍不住向他抱怨，他卻只是說：「抱歉，因爲我正在做重要的工作」，笑著打哈哈帶過。他到底在想什麼阿？

完全不在意周遭的狀況

一般說來，會無視電話，讓其他同事去接電話的人，大多是覺得「只有我在忙」「因爲有能力的我在忙重要的工作，沒有空去做接電話這種雜事」，可說是典型的以自我爲中心的人物。他們似乎不會注意到如果不接電話，會給其他的同事增添困擾。另一方面，如果碰巧大家都不在，沒有辦法只好自己接電話時，就會覺得「爲什麼我得做這種事」而感到憤慨。內心有「麻煩的事情就給別人做，這是理所當然的」這種想法。這樣的人，偶爾有點小工作拜託他，也會再三推托才肯接受。這是因爲擔心萬一接受的工作出了什麼差錯，會讓對「有能力的自己」的評價下降，所以才會有這樣的舉動。總之，這種人可以說是只以自己爲中心思考，完全不在意周遭情況。

 小知識 反過來說，過度幫忙的人，有很高的可能是抱有敵意、競爭意識，其實是為了隱藏其真正心意的舉動。

討厭處理雜事的人在想什麼？

他的心情是？

接電話這種事交給那些有空的人去做就好了！

因為我在做重要的工作，分不開身！

[因為覺得自己是有能力的人，做的工作比他人更困難，所以行動時總是以自我為中心。]

 這種類型的人，多是抱持著完全以自我為中心的看法與想法，無法為周圍的人著想。

裝忙的人真的很忙嗎？

明明做一樣的工作，但總是會有人把「好忙」掛在嘴邊。從旁觀察，只有本人覺得自己很忙吧？

總是說「好忙好忙」的同事

某同事K先生，一開口就是「好忙好忙」，一副總是急急忙忙、被工作追著跑的樣子。看一下他的辦公桌上堆滿了各種文件，看起來的確很忙的樣子。但是，仔細想一想，他也沒有被交付特別重大的工作，或是被需要馬上處理的問題追著跑，為什麼他會把「好忙好忙」掛在嘴邊呢？

忙碌的姿態是對周遭的自我表現

像他這樣把「好忙好忙」掛在嘴邊，是一種對周遭的人的自我表現。在他心中因為對自己的能力沒有自信，所以對於周遭的人如何看待自己充滿了不安。此外，也包含了「希望自己能被認可為獨當一面，有能力而幹練的人才」這種心情在內。這種行為也是在主張，正因為自己有能力，才會被交付一項又一項工作。

不過，像這種想法實際上是行不通的，而且他的言行舉止也只會帶來負面效應。因為工作量也不是極端地多，卻一直把「好忙好忙」掛在嘴邊，在周圍的人看來，只會被認為是「抓不到工作訣竅的人」。此外，就算實際上工作量很多，也有可能被認為是把本來可以交付給別人的工作，全都攬到自己身上了。在這種情況下，會被認為是溝通能力不足，所以無法與他人協調如何分配工作。

小知識　在戀愛時，總是把「好忙」掛在嘴邊來拒絕約會則是另一回事。說不定是靠工作來當防護罩，想讓關係漸漸冷淡而分手？

自我表現反而帶來反效果？

為什麼要表現得很忙碌呢？

理由
之一
對於周遭的人如何評價自己能力感
到不安。

➡ 藉由讓周圍的人看到自己忙碌的
樣子，來消除不安。

理由
之二
對於自己的能力沒有信心。

➡ 想要讓人覺得因為自己是有能力
的人，所以工作才會一直交付到
自己手上。

周圍的人是怎麼看的呢……

「因為處理能力不佳，工作才會一直累積」
「因為欠缺溝通能力，才會陷入要承擔多餘工
作的局面」。

有很高的可能會被認為是無能者，反而有產
生反效果的風險。

從不離開自己座位的上司是膽小鬼

有的上司從不離開自己座位,也有的上司會特地來到你座位旁。這兩種上司到底有什麼不同呢?

叫你過去的上司、到你這邊來的上司

Y先生的上司A部長,在對部下下達指示、聽取工作進度簡報時,總是特地走到每一個部下的座位旁開口詢問。另一方面,B課長總是說「喂,你過來」,一定會把部下叫到自己座位的旁邊。相對於受到部下愛戴的A部長,只因一點小事情也要把人叫過去的B課長則完全不受到歡迎。兩位上司的不同是在於性格方面上嗎?

辦公桌是勢力範圍與心理狀態的表示

這時問題在於區分勢力範圍意識的強度。兩位上司中,哪一位是充滿自信、哪一位是虛張聲勢,說穿了其實是膽小鬼呢?這是顯而易見的,因為中間只有一個區別。首先,總是把部下叫到座位旁的B課長,只把辦公桌當成自己的勢力範圍。因為對自己沒有自信,所以要把部下叫到自己的勢力範圍內,想要確保自己的威嚴。另一方面,A部長因為對自己的能力有自信,所以不管到哪裡都能把它當成自己的勢力範圍,為了激發部下的實力也不辭勞苦,由自己本身積極地行動。此外,這種心理學也是探索上司內心狀態的線索。比方說,想要聽取部下報告時,把部下叫到座位旁,也許就是對這次的案子沒有信心。反過來說,親自到部下的座位旁聽取報告,有可能是期待這次的工作成果。

 小知識　辦公桌被隔壁同事的文件占據時,會頻頻表示不滿的人,劃分勢力範圍的意識相當強。

劃分勢力範圍的意識與自信的關係

勢力範圍意識：低

到部下座位旁談話的 A 部長

因為比起主張自己的權威，更重視發揮部下的能力，所以會主動離開屬於自己勢力範圍的座位。

➡ 具有「我不管在哪都能把事情做好！」的自信。

勢力範圍意識：高

把部下叫到自己座位旁的 B 課長

只關心發揮自己的權威，不握有主導權就不能安心。因此，不會離開屬於自己勢力範圍的座位。

➡ 因為對自己的能力沒自信，所以是屬於虛張聲勢的內向類型。

一走近上司身邊，上司就把腳翹起來？

一旦被看到原本很放鬆的樣子，就立刻把腳翹起來。這是在辦公室裡的上司，把部下叫到座位旁的動作，但是為什麼要這樣做呢？

被上司叫過去

A先生在部門會議中失言，話一出口的瞬間就知道糟了，可是也已經遲了。稍微偷看一下課長，發現他臉色十分難看地望著自己。會議結束後，A先生正想趕快逃離會議室時，課長從後面拍了拍他的肩膀說：「到我辦公桌這邊來一下」。A先生戰戰兢兢地走近課長的辦公桌，課長一看到他，就翹起腳來。

在眼前翹腳

翹腳本來是在人放鬆時才會做的動作。比方說飯後輕鬆寫意地坐到沙發上，打開晚報時就很常見。像這樣放鬆的時刻，會隨意地翹著腳是很普通的行為。可是課長這種情況下，很難說是處於放鬆狀態。恐怕是想要讓人看起來像是放鬆的樣子，藉此顯示作為上司的從容，來讓A先生感到自己的威嚴。也許是在提出斥責之前，為了不讓A先生因此萎靡不振，所以故作輕鬆。不管是哪一種，都可說是為了顯示自己作為上司、位居上位的事實。不過，也有上司習慣翹腳，因此不能一概而論。而根據當事者翹腳方式的深淺不同，其心理狀態也會有所差異。

 小知識 翹腳時雙腿緊貼的情況，可能是處於緊張、對眼前的人抱有排斥感等負面情感的狀況。

隱藏在翹腳底下的真正心意

抖腳是焦躁的緩和劑

或許說抖腳是非常常見的怪癖，但這樣的動作不只是單純的怪癖而已，也能透過它讀出對方心理的標誌。

抖腳的上司

有一名同事工作出錯而被上司叫過去，因為那是相當大的疏失，他原本很擔心免不了要被上司大肆斥責一番，但是上司的語氣卻意外地和緩。不只如此，上司甚至還說「人人都會犯錯，這也是沒辦法的事。期待你以後的表現阿！」這種鼓勵的話。正當我還在感動怎麼我們的上司如此寬宏大量的同時，卻突然看見上司的腳不斷地抖動。因為平常從沒看過上司做這樣的動作，所以應該不可能是習慣，那麼到底是什麼原因，使上司做出這樣的動作呢？

減輕壓力的動作

像抖腳、用手指咚咚咚地敲著桌子、咬指甲等行為，在心理學上都稱為「轉移行為」（Displacement Behavior）。也就是說，我們之所以會做出這些行為，是因為人類在強大壓力下，一旦心情陷入恐慌，就會不自覺地做出這一類動作以減輕壓力。而所謂的轉移行為就是在壓力發生當下，藉由做出和造成壓力完全無關的行動來減輕壓力，也就是潛意識的自我治療。

實際上抖腳會對腳部產生刺激，這股刺激會通過中樞神經，傳達到腦部達到放鬆的效果。而先前那位上司雖然看起來好像很沉穩感受不到任何壓力，但是他的內心應該相當的焦躁。但是站在上司的立場，他又不好直接將怒氣發在部下身上，因此才會潛意識地藉由抖腳這個行為減輕自己的壓力。

像是被飼主罵的家貓突然開始打阿欠或是做出整理毛髮之類的動作，也是一種轉移行為。

抖腳的效用

為什麼會抖腳呢？

 想要緩和緊張感！

→ 如果不罵人的話，自己會對必須要警戒的事感到緊張，此時抖腳能夠緩和緊張感。

 想要緩和焦躁感！

→ 減緩由部下的疏失所引發的壓力。

由醫學的觀點來看……

刺激腳部後，這個感受會藉由中樞神經傳達到腦部，達到減輕焦躁與緩和緊張感的效果。

 抖腳能夠幫助減輕壓力！

正在轉筆的上司，是因為無聊嗎？

轉筆這個動作看起來，可能只是個人的習慣動作或只是打發無聊的時間，但其實卻隱藏著只有本人才知道的心理！

正在轉筆的上司

你一定也有過這樣的經驗：有時候不只有在科內的會議上，甚至在與客戶商討交易事宜時，也可以發現上司不停地旋轉手中的自動鉛筆。此時公司的同事可能只會認為這樣的動作是上司的習慣動作，客戶也不太在意上司這樣的行為，但是做這樣的動作多多少少還是會有些失禮。那麼上司為什麼還是會有這樣的習慣呢？

事實上，這樣的行為大多會發生在氣氛特別緊張的狀況下。也就是說這種時候上司可能是藉由反覆進行平常習慣的潛意識動作，利用專注於手上的動作達到穩定心情的效果。可能會這麼做的上司應該是特別容易緊張的類型吧！也可以說他很努力地不將自己的緊張情緒表現出來。

隱藏在不同筆中的祕密

其實在先前的狀況中，還隱藏著一個重要提示，可以得知上司當下的心理狀態，那就是自動鉛筆。

自動鉛筆不像鉛筆一樣會變鈍，用它寫出來的文字永遠會維持在一定的粗細，而且它還有一個優點是就算寫錯，不論重寫多少次都沒有關係。喜歡使用這種筆的人通常都缺乏判斷力，而且似乎有做事不乾脆的傾向。由於使用這種筆能夠不斷重複寫了又改、改了又寫，所以大部分喜歡使用這種筆的人都很容易陷入苦惱。另一方面，習慣使用高級鋼筆的人，則是因為不在意墨水很難乾這項缺點，所以被認為是相當講究的一群人。

小知識 另外還有不少人明明沒有要抽菸，卻還是會不停玩弄著打火機的蓋子，這也是想要減緩緊張感的行為。

玩弄小玩意的原因

轉
轉
轉

有沒有哪位還有疑問的？

此刻的心情是？

但是在發言前還是再想一下好了……

這個題議中的流程怎麼好像不太好啊……

人一旦專注於某件事，會在無意識當中反覆進行最單純也最習慣性的動作。
例如：轉筆、敲原子筆等。

 當有任何讓自己緊張的事情發生時，手就會不自覺地重複單調的動作來刺激腦部，藉此緩和所面臨的壓力。

想要表現出幹勁時，領帶會選紅色的！

領帶是幫助商談順利的一項配件，我們可以利用色彩心理學的概念，配合適當的時機挑選顏色，而有助於占有優勢。

發表企劃案時有利的顏色是？

　　經過不斷反覆修改再修改的企劃案，今天終於要在上司面前發表了！為了留給上司一點好印象，特地在裝扮上特別用心，在黑色西裝內搭配了全白襯衫，看起來相當有精神，接下來只要再選一條領帶就萬事OK了！此時，應該選擇什麼顏色的領帶呢？

紅色是顯示鬥志的顏色

　　類似像這種公司內部的發表，或者是和交易客戶交涉的場合等等，需要特別表現自己的幹勁來說服對方時，在挑選領帶上也要特別注意。這是因為領帶雖然是躲在講桌後面的物品，但是因為對方的視線還是很容易停留在它身上，所以就心理學來說是相當重要的配件。

　　像這種需要說服對方的場合時，紅色的領帶是最好的選擇。因為紅色給人積極和勇氣的印象，同時也有讓看的人在心理上興奮的作用，甚至還會帶給對方「聽他的話準沒錯」的暗示。因此紅色領帶又被稱為能量領帶，在這種決勝負的時候，它能有助於引導交涉達到有利的那一方。在美國，以總統為首，大多數的政治人物都很會運用能量領帶。

　　除了運用領帶顏色幫忙自己加分，若同時也搭配西裝和襯衫的顏色，效果能再加倍。例如需要表達歉意時可以使用灰色，如果想要奉承對方時則可以使用橘色等，配合各種不同的場合來選擇穿在身上的色彩。另外，也可以用服裝的顏色來判斷對方的心理狀態，藉由配合對方的狀態來應對。

小知識　如果是女性可以用絲巾代替領帶。如果想要給對方親切的印象，可以選擇黃色。

根據場景不同，選擇顏色的技巧

發表企劃案時

西裝：黑色或深藍色
襯衫：白色
領帶：紅色

利用黑色西裝表現出穩重，再使用紅色領帶展現自信和對工作的野心。

表達歉意時

西裝：灰色
襯衫：白色
領帶：灰色或藍色

灰色西裝可以表現出接受對方意見的姿態，再利用藍色領帶表現出謹慎的態度。

奉承對方時

西裝：藏青色或灰色
襯衫：白色
領帶：橘色或粉紅色

如果對方是男性就選擇明亮的橘色，對方是女性則可穿上表現幸福感的粉紅色。

商談時

西裝：藏青色
襯衫：白色或藍色系的條紋衫
領帶：藍綠色

冷色系的服裝搭配可以縮短對方心理時間的流動感。

 利用領帶的配色，幾乎都能夠幫助所有商場上的各種狀況順利進行。

由反威廉馮特衍生出的「行為主義」

　　美國學者約翰華生（John Broadus Watson）在20世紀之初提出了與率先成為現代心理學的威廉馮特（Wilhelm Wundt）研究相左的新心理學，名為「行為主義」。

　　約翰華生認為威廉馮特的心理學，不過是分析受試者自己提出的心理層面的方法而已，而且他批評這種方法缺乏客觀性。為了要讓心理分析更具有科學根據，也必須同時分析受試者受到外部刺激時所產生的行為。他認為真正的「心理」和單純的「思想」這種心理層面無關，受到外部刺激後產生的反應才是所謂的「心理」，所以他們認為研究「刺激」與「反應」之間的關係才是真正的心理學。這個觀念在1930年代以後，不只有由史金納（Burrhus Frederic Skinner）等人帶來外部的刺激，也逐漸發展為有主動功效的「新行為主義」。

影響約翰華生的巴伐洛夫（Ivan Petrovich Pavlov）實驗

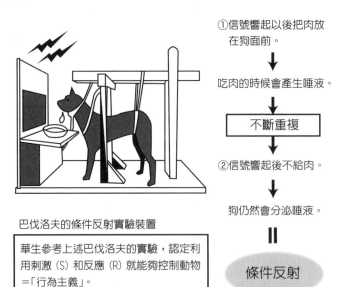

①信號響起以後把肉放在狗面前。

↓

吃肉的時候會產生唾液。

不斷重複

②信號響起後不給肉。

↓

狗仍然會分泌唾液。

＝

條件反射

巴伐洛夫的條件反射實驗裝置

華生參考上述巴伐洛夫的實驗，認定利用刺激（S）和反應（R）就能夠控制動物＝「行為主義」。

第**3**章

「解讀」男人與女人
的真心話！

本章將點出當男男女女陷入戀愛當中

會產生的各種小動作，

讓各位一起來了解男朋友、女朋友，或者是喜歡的對象

表現出來的行動本身的真意！

吃醋是愛意的負面情緒？

我們常常可以聽到，有些人由於過度深愛對方，而使自己因吃醋而搞得焦頭爛額，但這是真的嗎？

莫名容易吃醋的男朋友

A先生和C小姐是才剛開始交往中的熱戀情侶，雙方甜蜜到一刻都不想分開。但是唯一令C小姐困擾著的就是A先生非常容易吃醋，甚至要求C小姐將手機記憶卡中的所有男性消除。但是因為C小姐實在很愛他，所以順從A先生的要求，在我們旁觀者看來真是有點太過火了。但是，A先生真的是因為打從心底愛著C小姐所以才這麼容易吃醋嗎？

事實上只是表現自己想要偷情

在這種狀態下C小姐應該要特別注意。實際上吃醋得很嚴重的人，有時候是因為他自己本身有強烈的偷情意願。這是因為人類有將自己「想做的事」，認為也是別人「想做的事」的傾向，在心理學上，稱之為「投射」。

也就是說，當A先生在懷疑「她是不是想劈腿」時，其實有很高的可能，心裡暗藏著「因為我也想要劈腿，所以她一定也一樣」的想法。這就是為什麼即使C小姐本人並沒有想要劈腿的想法、也沒有做出任何可疑的行為，他的男朋友還是會吃醋。尤其是自己本身覺得劈腿是不當行為的人，愈是會壓抑自己的欲望，而愈容易顯現出愛吃醋的性格。

此外，投射這件事最麻煩的地方，就是幾乎大部分的人都沒有發覺深藏在自己內心深處的願望。比方說A先生可能就會把自己愛吃醋的情形，誤認為是因為自己深愛對方所產生的衝動行為。

 投射常發生在各種內心的願望上，例如會想「那個人討厭我」的人，大部分都是他自己本身也討厭對方的人。

吃醋是顯現自己的欲望？

 將自己壓抑的欲望直接反射在對方身上，就是連一點點的小事可能都會引起嚴重的吃醋！
＝説不定你的男朋友可能偷偷地想要偷情！?

約會時男朋友只站在左側是因為？

當我突然注意到的時候，才想到我看到的都是男朋友的右臉。他又不是在意哪一邊的臉比較好看的男演員，到底是什麼原因讓他這樣做呢？

男朋友一直站在女朋友的左側

一名女性在猛烈地追求以後，終於突破重敵如願和心儀的他開始交往。雖然每天都過著幸福無比的生活，但是在約會時，不論是坐在酒吧還是旋轉壽司的吧臺，他總是選擇坐在女生的左側，這到底是什麼原因呢？

不論是誰，都有兩種面孔

如果一個人總是只給別人看右臉，或許是件有點麻煩的事。事實上人類的臉，有分左右對稱可同時動作，以及左右側表情顯現些微差異的時候。臉部可左右對稱動作是打從心底大笑、生氣、悲傷，或者是打呵欠、打噴嚏、咳嗽等生理現象無法用自我意志控制的的時候。

相較於此，當左右側的表情會產生差異時，就是那個人有意識地控制自己感情的時候。舉例來說，外表不體面時臉上浮起苦笑、輕蔑某人時噘起嘴唇，或是失敗時皺起眉頭的表情都屬於此類型。這時候的面部表情會呈現左右不對稱的情況。

總之，坐在左側就是把較為不會顯示情緒的右半臉給對方看。說不定這個男生是打算隱藏他真實的情緒。故事的女主角應該趁在咖啡廳或是餐廳對坐時，從正面好好觀察他的表情。

小知識　據說被問到「你喜歡自己的左臉還是右臉呢？」時，大部分的人都會回答右邊。

人的感情與表情之間的關係

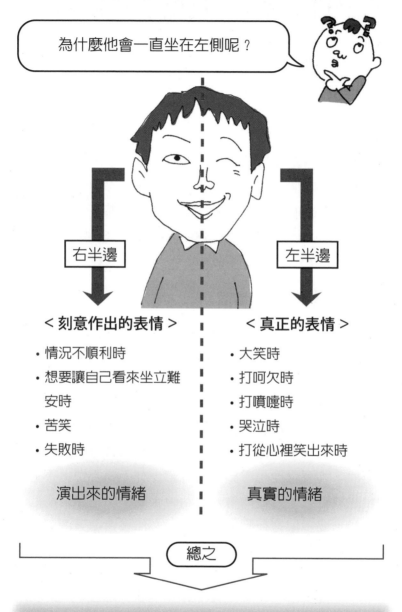

為什麼他會一直坐在左側呢？

右半邊　　　　　　　　　　左半邊

< 刻意作出的表情 >　　　　< 真正的表情 >

- 情況不順利時
- 想要讓自己看來坐立難安時
- 苦笑
- 失敗時

- 大笑時
- 打呵欠時
- 打噴嚏時
- 哭泣時
- 打從心裡笑出來時

演出來的情緒　　　　　　真實的情緒

總之

 想要讓人看到右半臉的他，說不定想要隱藏自己的真心？

話說到一半時，把雙手交叉在胸前？

因為把雙手交叉在胸前，會在對方的眼裡看起來顯得高傲，所以不會在地位比較高的人面前做出這樣的動作。那麼，什麼時候男朋友會在女朋友面前把雙手交叉在胸前呢？

兩個人的心情迥然不同時？

她與遠距離戀愛中的男友久別重逢，喋喋不休地講個不停。原本她就是愛說話的個性，因為無法見面而一直忍耐著，由於這種心理的反饋作用，講的話比平時更多了。面對喋喋不休的女友，他突然把背往椅子一靠，雙手環抱在胸前。這樣說來，難道他從一開始就只是附和自己？她有點沮喪地問道：「你討厭我了嗎？」

為了防衛而把雙手環抱在胸前

這個時候，他是因為被滔滔不絕的她所壓倒，所以潛意識間採取了防衛性的舉動。人把雙手環抱在胸前，大體上來說都是一種封閉自己心門、想要保衛自己的意志表現。特別是把雙手環抱在比較低的位置，被認為是想要「建築防禦攻勢」的舉動。另一方面，把雙手環抱在比較高的位置，是表現出自己比旁人了不起的心態。此外，弓著身子把雙手環抱在胸前，通常是在緊張或不安的時候。不管是哪一種，都可說他是處於心情帶有少許不快心情。不過也有例外，就是在放鬆或是認真聽對方說話時，雙手環抱在胸前的情況。在這種時候，雙手環抱在胸前的動作，必然會伴隨著深深的點頭、上身傾向對方等表示同感的動作。

 為了讓對方環抱在胸前的雙手放下來，自己也可以將手環抱在胸前。當對方感覺到自己的不快，就必定會把手放下來。

不同的環抱方式所蘊藏的心情

挺起胸膛、把雙手環抱在較高的位置

挺起胸膛、彷彿睥睨一切地把雙手環抱在胸前，是表示自己是了不起的人物的無言象徵。

雙手環抱在較低的位置、像是擁抱自己身體一樣

抱持著緊張或是不安的狀態。縮著身體想讓自己的存在感薄弱。

弓著身子把雙手環抱在胸前

焦急或是意志不堅的時候可以看到的環抱方式。說不定是隨著話題的展開而變得不安？

一邊直視對方，一邊把雙手環抱在胸前

對對方的話題抱持興趣。表現出想要專心聽對方說話的姿勢。

對戒是束縛的證明？

即使跟情人一起買了對戒，有人會常常戴在身上，也有人完全不戴。兩者有什麼差別呢？

強力要求每天配戴的情人

C先生跟D小姐為了紀念交往一週年而買了對戒。D小姐單純覺得這是愛的結晶而十分高興，但是因為C先生反覆叮嚀「絕對不要把戒指拿下來喔」而覺得有點困惑。雖然約會的時候她一定會戴，但是沒必要連工作還有與朋友玩的時候也戴著吧？

「想要綁住對方」的心情

這就跟婚戒是一樣的，情侶之間配戴戒指就是「想要綁住對方」的意思。此外，如果戴著戒指，周圍的人也會自動解釋為「已經有對象了」。如果是自己配戴就表示「我有情人了」的意思，讓對方配戴的話就成了「蒼蠅不要靠過來」的咒語。特別是婚戒伴隨著束縛，也是因為喜歡證明自己有配偶才會配戴的東西，所以也帶有「已婚者就應該配戴」的這種保守想法在內。另一方面，討厭戴戒指的人，通常都是討厭束縛、不管什麼時候都想要保持自由的類型。雖然自由不等於想劈腿，但因為自主心理強烈，所以以保有個人時間為優先考量。當然他們也很重視情人，但是也會考慮在不影響感情的情況下，跟異性朋友出去玩，擁有想要自由的想法。此外，他們也很討厭旁人對自己的事情指指點點，或是被工作上認識的人干涉隱私。

> 手錶比戒指更加具有束縛性，因為它是被時間管理並且束縛的證明。

戒指表達的訊息

自己配戴戒指時

暗示「我是有情人的」。

讓對方配戴戒指時

暗示「他（她）是我的情人，周圍的人可別亂打歪主意」，防止情人劈腿。

 戒指是「想要束縛對方、想要被對方束縛」的意志表現！

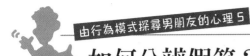
如何分辨假笑？

笑臉可以讓人心感受到溫暖，可是真正的笑臉跟假笑是不同的。分辨其中的訣竅在於？

顯示在笑容裡的不自然

某一天的約會，K小姐與F先生一起去看了浪漫愛情片。雖然F先生喜歡科幻電影，但還是配合想看愛情片的女朋友。即使看完電影，走進咖啡館，K小姐還是沉醉在電影的餘韻中而十分感動。「對啊！對啊！」雖然F先生也擺出笑臉表示同意，但她總覺得他的表情有點不自然……

真正的笑容與假笑

K小姐之所以會覺得F先生的笑臉不自然，是因為注意到他的笑容不是打從心底發出的。恐怕F先生並不覺得電影有趣吧？可是說真話又怕傷到她，只好做出配合的笑容。其實人會因為不希望對方發現自己說謊或是良心不安，所以勉強作出笑容。也就是說，想要靠著假笑來敷衍過去。可是，打從心底發出的笑容跟假笑之間雖然極其細微，但仍有其差異，她恐怕是察覺到了那極其細微的差異。那麼，真正的笑容跟假笑的差別在哪呢？這種差異多顯示於眼睛跟嘴巴之處。首先，嘴巴在笑但是眼睛卻沒有在笑的情況多半是假笑。這通常是職業笑容，或是為了敷衍而勉強作出的笑容。此外，眼睛跟嘴巴同時在笑的情況，也有很高的可能性是假笑。因為對方意識到只有嘴巴在笑而眼睛不笑的話是不行的，反而顯得不自然。真正的笑容，是嘴巴笑了之後，眼睛也會跟著笑。

 只有嘴角揚起的笑容，是所謂的「古風式微笑」（Archaic smile），多半表示瞧不起對方的心情。

分辨假笑的方法

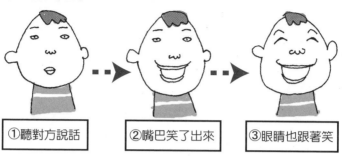

〈真正的笑容〉

①聽對方說話 → ②嘴巴笑了出來 → ③眼睛也跟著笑

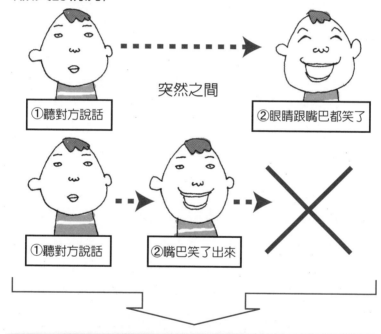

〈假笑的情況〉

①聽對方說話 突然之間 ②眼睛跟嘴巴都笑了

①聽對方說話 → ②嘴巴笑了出來 → ✕

> 假笑多半是因為過度地被「不笑不行」的意識所掌控，要不就是眼睛不笑，要不就是眼睛跟嘴巴同時動作，使得眼睛周圍的動作不自然！

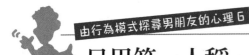

只用第一人稱、「本大爺」類型的男性

希望你更了解我的事情,也想要更了解你的事情,正因為想要變得更親密,所以才使用第一人稱「我」。

自我詮釋的效果

男性只針對跟某個特定女性說話時,才特意使用第一人稱的「我」,有可能是希望跟這名女性變得更親近。在心理學上,把自己的事情跟他人講,稱之為「自我揭露」(Self-disclosure)。為了敞開對方的心房而首先做自我揭露,具有相當的成效。

讓我們來介紹一下心理學家魯賓的實驗。對機場的陌生人謊稱要收集筆壓的樣本,請他們隨便寫點什麼在紙上。事先準備了「我在收集樣本」「我曾覺得孤獨」「我有關於性方面的煩惱」等三種例文,讓他們隨便參考一種來寫。看到普通例文的人會寫出普通的內容,但是看到有關性方面的3號例文的人,就會寫出比較關乎內心世界的文章。這就稱之為「自我揭露的相互性」。

作為觀察技巧加以活用

比方說,向人訴說自己兒時的事情或是煩惱的時候,對方會信任你而解除防衛心,然後訴說自己的事情,雙方就會慢慢地了解彼此。也就是說,在這裡「本大爺」類型的男性,說不定就是以此為目標。當然,強調「我」的程度是需要加以考慮的。不過是聊個天而已,只強調自己的事情,容易被對方視為自我意識過盛而不考慮聽者的心情、徒添困擾的人。

小知識 部落格可稱為表現自我揭露欲望出口的極致。更新頻率頻繁的藝人,說不定就是因為這種欲望比常人強烈。

自我詮釋是好意的象徵？

所以我啊……

我……

對我來說……

我是這樣想啦…

為什麼只用第一人稱呢？

理由之一 希望對方更了解自己！

為了讓有好感的對象更了解自己，而努力地表現。

理由之二 想要更加了解對方！

以互相進行自我揭露為目標，自己先開場，希望也能讓對方敞開心房。

理由之三 非常喜歡自己！

單純地只以自己的情感跟意識為優先，幾乎不考慮對方的心情，也不為對方著想。

 不分對象、常用第一人稱的人，通常都是自我中心的類型。反過來說，只在特定異性前面常用第一人稱，有很大的可能是對對方抱持好感！

從初次約會的食量看出對方的眞心！

被男性約去吃飯的女性，只要不是討厭的對象多半都會答應。可是如果把對方當成「男人」來看待就是另一回事了。

一起吃飯的效用

一起吃飯這件事，也被稱爲「午宴技巧」（Luncheon Technique），具有增進與對方親密程度的效果。因此，邀請有好感的女性去吃晚飯，就心理學而言是有其作用。抱持這樣的想法，F先生試著邀請合作公司的女性去吃飯，對方也爽快地答應了。因爲是初次約會，所以選了高級的義大利餐廳，對方不管什麼東西都吃得很開懷，也聊得很盡興，度過了一段愉快的時光，F先生對今後的進展充滿了希望。可是，過了一個禮拜，再度邀約對方時，對方斷然拒絕了。明明之前吃飯時很愉快的，到底爲什麼會這樣呢？這樣F先生不就白當了一回好人？

女性吃不多反而有希望

那位合作公司的女性，恐怕只是單純地認爲「既然被約了就去吃頓飯吧」，並不是討厭F先生，兩個人吃飯時也的確很愉快，但對她而言也就僅止於此。其實根據心理學者普利那及切克的實驗，女性會在英俊的男性面前有減少進食的傾向。似乎是因爲面對有魅力的異性感到緊張，所以沒有食慾。此外，在不英俊的男性前則會恰如其分地吃東西，在同性的面前則會大吃特吃。從這項實驗結果看來，愈是不把對方視爲「男人」則愈會大吃。F先生還是死心或放棄吧！

也有女性會在有好感的對象面前大吃特吃，不過在這種情況下會將菜餚分給大家，表現出細心的樣子。

食慾是好感的指標

〈普利那與切克的實驗〉

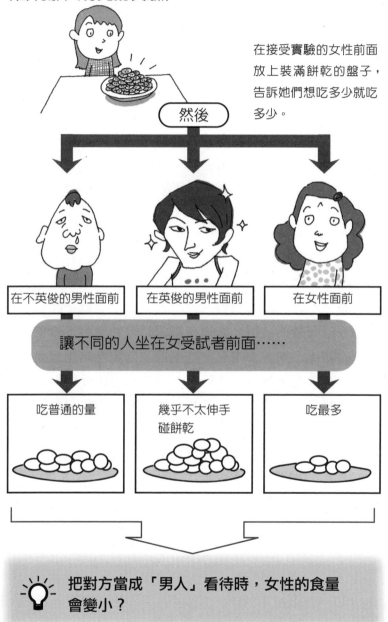

在接受實驗的女性前面放上裝滿餅乾的盤子,告訴她們想吃多少就吃多少。

然後

在不英俊的男性面前

在英俊的男性面前

在女性面前

讓不同的人坐在女受試者前面……

吃普通的量

幾乎不太伸手碰餅乾

吃最多

把對方當成「男人」看待時,女性的食量會變小?

女性來傾訴煩惱的真正意圖？

明明交情也不是特別好的女性，卻來找自己傾訴煩惱，說不定別有所圖？

普通女性朋友找自己傾訴煩惱

某一天，一位女性玩伴在大家一起吃烤肉的時候，悄悄地湊近自己身旁說：「其實我有點事想找你聊……」。從她的樣子看來，似乎有不想讓旁人知道的祕密要談。也不覺得自己在朋友中有跟她特別要好，會特別找自己商量，這究竟是怎麼一回事呢？

商量的真正目的出人意表

她之所以特別指名你，可以想成是有「商量的對象非你不可」的理由。話雖如此，也不見得是以你的專業知識或人脈為目標。只是想要依賴你本人想法的表現。說起來到底是怎麼一回事呢？這位女性是想要以商量為名目，與你有單獨相處的機會，希望建立比現在更親密的關係。她多少抱有一些煩惱，但重點是她想要你傾聽她的煩惱。人在被要求商量事情時，都會有自己是受到他人倚賴的感受，可以藉此滿足自尊心。此外也會覺得他人向自己傾訴煩惱這件事，是自己格外受到信賴的證據。這樣一來，雖然是沒什麼大不了的事，還是會產生對對方抱持好感的傾向。說不定這位女性就是巧妙地利用這種心理技巧來接近你。

小知識 對事物的思考深入程度，與對方跟自己連結的緊密程度在心理學上稱為「自我投入」（Self-Involvement）。

隱藏在商量背後的想法

與其說是單純的信賴，想要變得更親近這種想法的可能性更高。

為什麼她要貶低自己？

女人心海底針，經常會說出與真心完全相反的話以試探男性。各位男性同胞請務必注意！

不了解女人心的他

　　一對已經交往數個月的情侶。她因為戀愛而身心都感到滿足，也有點愛向他撒嬌。但他是凡事漫不經心的人，所以都沒有回應她。有一天，兩個人正在快樂地逛著街的時候，她拿起了一條迷你裙說：「這條裙子好可愛，不過因為我有點胖，應該不適合吧」，然後他就不加思索地點頭應了一聲：「嗯」，這下慘了，女朋友氣壞了！「明明妳自己也這樣說，為什麼要那麼生氣？」面對著給自己臉色看的女友，他真是丈二金剛摸不著頭緒。

因為想要被否定才說出口的話

　　有不少女性會像這樣對男性說「我太胖了」「因為我不夠可愛」等貶低自己的話，但要是你不小心同意了，那可就糟了。其實女性會提出這種問題，是因為期待得到「才沒有這回事呢」像這樣的否定答案，不如說她們做夢也沒想過會得到肯定的答案。總之，男生應該把這種問題視為一種撒嬌的表現。此外，女性會說「我最近變胖了」這種話，其實內心說不定是覺得「雖然體重稍稍增加了一點，但是體型還不致於受到影響吧」。不如說她正因為對自己的體型有自信，所以是以希望被否定為前提來提問的。

　小知識　真正對自己外表沒自信的人，會因為自卑情結而完全不說出口。

女性的話語跟真正心意並不一致

我最近變胖了～

對…對啊！

她的心情是？

就算胖了也只有一點點啊，我還是很可愛的！

比我更胖的人還多的是呢！

為什麼要問這種貶低自己的問題呢？

理由之一　希望藉由被否定，來增加自己的自信！

理由之二　希望藉由被否定，來測試對方愛自己的程度！

以會被否定為前提來提問，確認自己的存在價值！

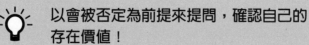

舔嘴唇的她是在誘惑你？

明明不是在吃飯，只要她一舔嘴唇，自己的心就會怦怦跳。她到底在尋求什麼？

舔嘴唇也表示食慾以外的欲望

舔嘴唇這項行為，據說是尋求某種欲望的本能表現。嬰兒想要吸吮母乳時，也會做出嘴唇微開，舌頭彷彿在吸吮東西的動作。成人也會在享用美味的食物前情不自禁地舔嘴唇，那是因為兒時的記憶殘留之故。但是，舌頭會動作，不只是因為被食慾刺激之故。根據茱莉亞·費斯特（Julius Fast）的研究，像這樣舔嘴唇的動作，是源自於動物舔自己身上的毛來進行整理的動作。狗或是貓會舔自己以及其他個體，用以整理身上的毛，來表示親愛之情，這也是發情期的前兆。當動物欲望勃發或是受了刺激時，會用舌頭做出舔舐、品味的動作，乃是其自然本能。

渴求看上眼的對象

總之，如果她一邊盯著約會對象的他一邊舔嘴唇，說不定就是在渴求他本身。有很高的可能是想要跟他有更親密的接觸，卻又好像把美食放在面前卻不准她吃一樣，抱有這種程度的欲求不滿。這種小動作雖然是無意之中表現出來的，但是也很常作為誘惑對方的技巧。性感圖片上的女模，經常擺出嘴唇半開半闔、輕吐舌頭的姿勢，也是為了讓男性讀者感到興奮。

 小知識　把頭髮放進嘴裡咬的小動作，跟舔嘴唇的小動作一樣，也是性欲高漲的表示。

舔嘴唇代表的意思

〈貓〉

喵～

根據茱莉亞・費斯特的說法，舔嘴唇的動作是源自於動物之間彼此互相清潔身體的動作。

互相清潔的動作除了表現親子之間的親愛之情，也隱含性的意義。

〈人類女性〉

像是品味東西一樣用舌頭舔嘴唇的動作與伸舌頭表示「拒絕」的心理是完全相反的意思。

是「渴求某種欲望」的表示。如果是看到異性的時候，也有可能是求愛的動作。

總之

 眼前的女性如果一邊與你視線相交，一邊舔嘴唇，很有可能是在誘惑你！

女性抬頭仰望是撒嬌的證據！

人的感情經常顯示在眼神中。當女性抬頭仰望時，被注視的男性在想什麼呢？

只有兩人獨處時抬頭仰望你

D先生與B小姐目前停留在意氣相投的好朋友階段。但是D先生非常在意B小姐怎麼看待自己。雖然他很想告白，卻又害怕被拒絕而說不出口。而且很多人在場的時候，B小姐總是用直爽的態度對待他，但是只有兩人獨處時，又總是抬頭仰望他，讓D先生沉不住氣。今天D先生也因為B小姐的視線而怦然心跳。

抬頭仰望是一種戀愛的戰略

女性抬頭仰望男性，可以當成是一種對對方抱有好感、想要依賴對方、向對方撒嬌的證據。所以D先生可以帶點自信，更加地靠近對方也沒關係。小孩子由下往上仰望父母，是一種撒嬌的行為。父母看到小孩子的視線，就會覺得很可愛，而激起保護孩子的本能。女性抬頭仰望的視線是一樣的道理，是在傳達「我希望你覺得我很可愛、希望你保護我」的意思。此外，抬頭仰望也含有服從的意思，背後蘊含著「想要服從你的領導、不管到哪裡都聽你的，請帶我走吧」這樣的撒嬌意味在。總之，會採取這種行動的女性，外表看起來是很相當爽朗，但內心深處可能是愛撒嬌，而且有點喜歡依賴他人的個性。總是抬頭仰望你的女性，在喜歡依賴男性、而且想要牢牢掌握對方時，就會有意識地採取這樣的行動。

小知識　抬頭仰望對方時，頭看起來會顯得較大，看起來像是小孩子。因此男性會被刺激父性本能，變得想要保護對方。

女性抬頭仰望對方的理由

對啊

嗯嗯

為什麼要抬頭仰望對方呢？

理由
之一 想要依賴你！

是想要依靠對方的心情表現。一般來說，比起男性，女性對異性的依賴心比較重。

理由
之二 想要服從你！

「都聽你的話」這種心情表現。在動物的世界中，使身體降低的個體處於較低的地位。

因為女性與男性相較，屬於社會上的弱者，所以對異性的依賴度較高。

想要訴諸於男性的父性本能，藉以尋求保護？

 常常抬頭仰望他人的女性，可能是愛撒嬌而且想要依賴他人！

爲什麼在玄關把鞋子脫得亂七八糟？

脫得亂七八糟的鞋子，呈現出她的何種心理呢？隱藏在灰姑娘的玻璃鞋後的眞正含意是？

在玄關散亂一地的鞋子

　　某位男性第一次被招待到女朋友家，才剛喜孜孜地踏進門口，就因爲太過吃驚而呆立在玄關。讓他震驚的是從涼鞋到靴子，各種不同的鞋子散落一地，連立足之地都沒有的景象。因爲她是一名時髦的女孩子，有很多鞋子可以理解，不過這未免太誇張了。不過她卻只是微笑著說「有點亂眞是抱歉」，不是很在意的樣子。說起來在居酒屋要坐進包廂的時候，她也是隨意地亂脫鞋子。他有點擔心接下來跟她的發展是否會順利？

鞋子是性愛的象徵？

　　在心理學上，有把鞋子當成是性愛象徵的說法。在童話故事《灰姑娘》裡，作爲重要的小道具的玻璃鞋，就象徵著性愛。而且容易損壞的玻璃鞋，就是象徵著「處女」，所以王子在路上讓女性試鞋時，被解釋爲在試驗她們在性愛方面的相合性。如果以這個學說來觀察，會把鞋子脫得散亂一地的女性，通常性觀念較爲開放。就像更換搭配衣服的鞋子一樣經常更換性伴侶，之後的事情就全然不在意了。總之，這種類型的人也可以想成極爲享受自由戀愛的樂趣。不過這是比較極端的解釋方法，也有可能只是單純不擅長整理東西、無法整理家務的懶散女性。

小知識　如果女性比較喜歡在鞋子當中，重心較不穩定的高跟鞋，會特別傾向於追求能夠支持她的男性。

鞋子脫得散亂一地不是懶散的象徵

在童話故事〈灰姑娘〉裡出現的玻璃鞋

象徵很容易喪失的「處女」？→性的象徵

讓路上的女性試穿玻璃鞋的行為？

被解釋為確認是否與王子在性愛方面合得來。

同樣地

把被視為「性」的象徵的鞋子脫得散亂一地的情形
看來⋯⋯

 對於性觀念相當開放、喜歡自由戀愛的類型。
也可說是對於貞操觀念比較亂的女性？

女性如果願意身體接觸就表示有意思？

心儀的女性一邊說著笑話一邊拍你的肩膀或背，讓兩人之間有身體接觸的機會。說不定她也對你抱有好感？

身體接觸是親近的證明？

有一個簡單的方法可以證實親近的女性是否對你抱有好感。只要把手伸出來說：「我幫妳看手相，手借我」就可以了。如果她爽快地把手伸出來，那麼日後就大有可為。但是如果只是說「好」，卻沒有下一步的動作，那麼很可惜的，應該是沒指望了。身體接觸同時也意味著心靈的接觸，可說是同時透過要求心靈的接觸，表現出想要構築更進一步關係的欲望。

緩和心情的身體接觸

一項有趣的心理實驗，可以證明這種身體接觸的效果。首先讓女性坐在副駕駛座位，讓男性開車。這時候女性A只是坐在副駕駛座位講話，而另一位女性B則會做出碰觸男性肩膀的肢體動作。在開了一段路後，女性告訴男性「我忘了東西，可以開回去嗎？」這時候只有談話的男性就會有點不耐煩地往回開，可是被身體接觸的男性就會說「真拿妳這傢伙沒辦法」，輕輕地敲一下女性的頭，心情絲毫不受影響地往回開。後者就是成功地讓男性對她抱有好感。由這個案例看來，身體接觸可以一舉讓對方對自己抱有好感。身體接觸成了估計對方對自己有無情感與好感的方式，在某些情況下也可以加強親密程度。

對許多人來說，有些特定部位只要被碰觸到就會感到高興。那就是上臂，只要上臂被觸碰到就會感到安心。

身體接觸的效果

〈在車內的心理實驗〉

欸～
是這樣啊！

A 類型的女性

一邊聊天，一邊與男性享受兜風的樂趣，開到某個距離再告訴他忘了東西。

欸～

是這樣啊！

B 類型的女性

一邊聊天，偶爾會接觸到男性的肩膀。開到某個距離再告訴他忘了東西。

然後

載 A 類型女性的男性，會有點小不耐煩地開回去；但是載 B 類型女性的男性，會笑著敲敲她的頭，然後往回開。

 身體接觸被認為能夠製造對方與自己之間的親密感！

過度凝視對方的人在說謊？

「你認為我的眼睛會說謊嗎？」像她這樣說，大部分的男性都會相信吧。可是恐怕他們定論下得太早了。

說謊的時候視線會游移不定？

有一天，A先生如往常般打了晚安電話給B小姐，不管打了幾通，B小姐都沒有要接電話的意思。A先生覺得也許是時機不對，剛好不能接電話，反正一定會回撥的，但結果也沒有，讓A先生非常擔心。隔天約會的時候，A先生問了若無其事前來的她：「昨天怎麼不接電話阿？」B小姐毫無愧色地說：「抱歉，昨天跟朋友在聊天」。但是，如果是這樣應該會顯示通話中才對，這件事明顯很奇怪。就算A先生反覆追問，B小姐也只說「相信我嘛」，然後直視著他。

不能以常理度之的女性

一般來說，人在說謊的時候，視線都會游移不定。當然在這種情況下，男性都會受到她真摯的目光所迷惑，但其實她說謊的可能性是很高的。根據心理學者艾克斯賴恩等人進行的實驗，男性在說謊的時候會把視線從對方身上移開，但是女性反而會一直盯著對方看。此外，同樣是心理學者的威廉艾姆斯指出，增加凝視的時間，對於說服對方有非常好的效果。總之，如果由男性來做的確是很困難的事情，但是女性會藉由一直盯著對方來掩蓋自己說謊，就能提高說服對方的成功率。雖然被她晶瑩剔透的眸子盯著看，不自覺地就會想要相信她，但實在應該好好考慮是否要打從心底相信她。

 小知識 瞳孔也是可以讀取人心的重要部位。如果對觀看的對象有興趣時，瞳孔就會擴大，反之則會縮小。

視線所表現的性別差異

〈艾克斯賴恩的實驗〉

女性
事前拜託她「請妳說謊吧」的被實驗者，通常會長時間地盯著面試官看。

男性
事前拜託他「請你說謊吧」的被實驗者，通常會有轉移視線的傾向。

男性想要掩飾自己說謊時，一般來說會轉移視線，但是女性則相反，有一直盯著對方看的傾向。

 打算說謊、過度盯著對方眼睛看的女性，說不定是想要確認直視對方的效果。

玩弄頭髮的女性需求的是什麼？

如果有個女性，頭髮明明很整齊，但是在沉浸於思考時卻用手指不停地捲繞、拉扯頭髮，那是代表什麼意思呢？

自己的手是替代品

如果這位在你面前的女性一面看著你，一面玩弄著自己的頭髮，這樣的行爲可能就代表著她對你的愛意。

當人類在感覺到孤獨或不安時，通常都會渴求與其他人交流、渴望與他人肢體接觸。但是，這種渴望並不只限於身邊有愛人的人才會。因此，取而代之只好用自己的手取代他人的碰觸，讓自己冷靜。這種行爲在心理學上稱爲「自我親密性」（Self-Intimacy）。

對女性來說，「頭髮」就代表了「自己」

所謂的自我親密性，大多會藉由碰觸自己身體的形式表現出來。比如說，在明明不冷的天氣裡將兩手交叉在身體前方，表現出像是抱著自己的動作，大部分就是覺得寂寞的時候。

而玩弄頭髮的行爲也一樣，會在潛意識中表現出「希望你對我好」的情感。而且頭髮從古時候起就被認定爲女性的性徵，甚至還有宗教規定女性不能在別人面前露出頭髮呢！

所以女性如果在約會當中不斷將頭髮盤起、放下，或是用手指不斷玩弄自己的頭髮，千萬不要忽視了這個訊號。雖然這個動作在其他人面前做時可能只是單純地表現孤獨或不安的感受，但是如果是在凝視著某人的情況下進行，就代表了另一種完全不同的意思：也就是說，她希望她凝視的對象——也就是你，摸摸她的一種訊號。如果向自己所愛的人尋求慰藉而無法如願，一定會變得欲求不滿吧？能夠解除對方這種感受的人，也只有在她面前的你而已！

 所謂親密性是指一種像牽絆的感受。親密性愈高，想要一起跨越某種困境時的團結力量就會有多大。

玩弄頭髮的行為代表她正在尋求
心理上的慰藉

這種行為可能代表著：行為者自己心裡感到不安，希望得到某人的慰藉、希望某人用溫柔的語氣跟他說話！但是因為對方不在，所以只好自己想辦法……的心情。

這就是所謂的「**自我親密性**」

當她音調突然拉高是代表什麼意思呢？

和情人交往的時間愈久，自然地也會注意到對方講話聲音的變化。就讓我們從對方聲音的抑揚頓挫、速度、音調高低的微妙不同，讀出對方的心思吧！

可疑的聲音變化

這裡有一位男性覺得自己女朋友最近在化妝和服裝突然都變得花俏，而且對對方行蹤摸不著頭緒而感到很可疑，因此對女友提出「妳是不是有什麼事情瞞著我？」的疑問，女方則是笑著回答「怎麼可能有那種事！」

然而馬上又將音調提高說「欸欸～上次我們去看的那部電影啊～」滔滔不絕地像機關槍一樣，開始談起和先前話題完全無關的事情。男方對於這種不自然的態度雖然感到愈加疑惑，但是因為他沒有證據所以也只能保持沉默。

心裡的聲音與從口中發出的聲音

當兩人在對話時，女方突然提高音調，或是突然開始滔滔不絕地說話，有很大的可能是對男性撒謊的表現。我們稱這種講話的速度、音調或抑揚頓挫、聲音的亮度為「副語言」（Paralinguistic），它幾乎可以說是從口中講話出去的基準，能夠如實表現出那個人的心理。

一旦人類感到不安，身體和心理都會同時開始緊張，當然，聲帶也不例外。而在說謊的時候，為了不被發現，聲音會不自然地變大、變尖銳，就連講話的速度也會加快。他們希望用這樣的說話方式抑制住對方，不讓對方有思考的時間。

事實上，也有應用這種身體反應的心理技巧，因為人一旦想要說謊，說話速度自然就會變快，所以會在這個時候故意降低音調，並且注意將講話速度放慢，只要使用這種方法減低語調的變化，對方或許就不會發現異狀。

 比較起來，男性說謊時比女性說謊時的變化還大，這是因為腦部的構造使然，因為女性的語言能力比男性好。

情感表現在聲音上

可看穿人類
心理的三項
聲音特徵

①速度

②音調

③抑揚頓挫

①速度

    人在說謊的時候為了轉移不安的心理，說話的速度會加快。

②音調

    人在陳述反意和藏匿真心的時候，因為情感高漲所以音調也
會自然提高。

③抑揚頓挫

    當人在需要取信於對方時，為了讓對方融入話題當中會加強
抑揚頓挫的力道。

也就是說

如果講話的人說話的方式比平常「還要快」
「音調變高」，還加上「抑揚頓挫」，很可
能正在說謊！

無法率直地面對喜歡的人的原因是？

可能是因為他不但無法明確地表達自己心中的想法，說不定也從來沒有做過和對方完全相反的行動的經驗。

無法率直地表現內心想法的原因

C小姐喜歡同事A先生，但是因為只要她站在A先生面前就會滿臉通紅，而且講話會變得零零落落，所以在公司裡已經變成是人盡皆知的事了。但是C小姐好像想要完全隱藏這樣的心意。

如果同事對她說「A先生不錯耶！」想要挖坑讓她跳的時候，她就會極力否定。說一些像是「那種傢伙完全不行啦～」的話。她為什麼不能率直地表現出自己內心真正的想法呢？

因為怕被甩掉、怕受傷

事實上，有不少女性心裡明明很喜歡某人，卻常常將「我討厭他」這句話掛在嘴邊。這樣的行為在心理學當中稱為「反向作用」（Reaction Formation），就像小學男生會故意欺負自己喜歡的人一樣，其實明明想要對她好，做出的行為卻和心情完全相反。這是因為他們心裡想著「說不定她討厭我，如果我喜歡她的事情被其他人知道，我可能會被嘲笑」，而他們可能就是在潛意識中想要將這種不安排除，所以才會做出這樣的行為。

即便是大人，也會因為擔心「如果我跟他告白不成功，我一定無法忍受！既然如此只要不要讓其他人發現我喜歡他就好！」所以會啟動自我防禦裝置，會故意對對方冷淡，並且會假裝自己很討厭對方。

由反向作用衍生出來的行動，包含過度討好打從心底討厭的人，使用超過客套話範圍的說話方式，或者是對已經冷淡下來的配偶展現過多的愛情表現，都是反向作用的類型。而且人一旦過度壓抑自己的情感或欲望，造成的反向作用也會變得愈加激烈。

 永遠用敬語和同事說話的人也是一種反向作用，這是因為長期壓抑對同事的競爭意識，才會使講話變得過度有禮貌，超過應使用的說話方式。

不說真心話的人心中真正的想法

此時的心境？

為了不讓自己的心受傷，因此總會說出與自己的想法完全相反的話來自我防衛。

這就是所謂的「**反向作用**」。

阻礙愈多的戀情愈濃郁的理由

情人們在跨越荊棘之前都會設法貫徹他們對彼此的愛情，但是如果冷靜下來重新審視他們的愛，他們的戀情還會持續嗎？

遇阻而生的熱情

有一位千金小姐出身的女孩最近才剛開始和「沒用的男人」交往，想當然爾，他們的交往遭受到女方父母的極力反對，但是她完全聽不進去。不只如此，在他們實在是不知道如何是好的情況下甚至還一起私奔了！相信大家一定都看過類似劇情的電影或影集吧？即便在現實世界裡，還是會有讓周圍的人擔心「那孩子為什麼會這樣？」「明明不要這樣做比較好……」的情侶檔。

反抗心會成為能量來源

當人類被限制選擇權的時候，為了取回失去的自由，都會有強烈反抗的性質。這在心理學當中稱為「心理抗拒」（Psychological Reactance），所謂Reactance就是「抵抗」的意思；也就是說，人愈是被說服做不想順從的事，就會愈想要抵抗而且變得更頑固。

心理學家德累斯高爾（Driscoll）在調查過140對情侶後發現，愈是被周遭親友反對、阻礙的情侶，他們對彼此之間的情愫愈是濃烈。

此外，人愈是在極大困難和不安的情況下，被壓的喘不過氣來的時候，心裡愈會渴求能有人陪伴。

這就是名為親和動機（Affiliation Motives）的一種心理反應，指在同樣境況下的人們希望藉由相互安慰、鼓勵，一起對抗不安和恐懼的行為。也就是說，受到的苦痛愈強烈，彼此之間的牽絆就會愈強烈。

 像這種愈是遭到周圍強烈反對愛得愈深的現象，受到莎士比亞的影響，也稱為「羅密歐與茱麗葉效應」。

不是熱情，反抗心理才是愛情的靈藥？

〈德累斯高爾的實驗〉

對 140 對情侶進行問卷調查。

【順利的情侶】　　　　　　　【阻礙重重的情侶】

阻礙愈多的情侶感情愈濃烈！

為什麼呢

這是因為人對不合意的遊說，都會產生反抗心理的緣故。

＝啟動「心理抗拒」

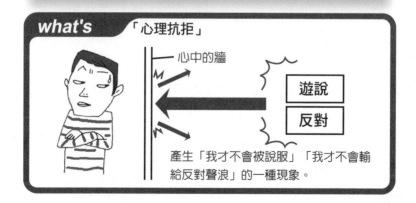

what's 「心理抗拒」

心中的牆

遊說

反對

產生「我才不會被說服」「我才不會輸給反對聲浪」的一種現象。

爲什麼情侶和夫婦都會愈來愈像呢？

大致來說，情侶在服裝打扮方面的喜好和散發的氣質是很相似的。因為他們原本就是同類型的人所以相互吸引？還是自然而然變得愈來愈像呢？

不知不覺被彼此影響而開始的模仿現象

當我們在觀察咖啡廳裡的情侶時，可以發現他們都有一些類似的小動作：像其中有一個人用手托著下巴，另一個人也會開始托下巴；其中一人開始喝水，另一個也會拿起杯子喝水。但是他們並不是有意識地要做相同的動作。如果此時周圍有人指出：「你們姿勢怎麼都一樣阿？」他們應該也會驚訝地說：「咦？眞的嗎？」

人類，就像先前（請參考P70）提過的一樣，有「同步效應」（Synchronize）的傾向，會在不知不覺當中表現出自己喜歡的對象會做的動作，並做出相同行動的性質。提倡人類有此種性質的人是動物行爲學家德斯蒙德・莫理斯（Desmond Morris）。

喜歡和自己類似的人

此外，不限於情侶檔，首先提出這樣的前提：人類有容易被和自己相似的人吸引的傾向。

名爲紐科姆（Newcomb）的心理學家曾做過某種心理實驗，他花了半年的時間調查新入住宿舍學生的交友關係，結果發現，剛開始這些學生都和住附近房間的鄰居比較接近，但是最後還是會和個性、思想模式比較類似的人變得親近而熟稔。

如果是因爲興趣相同而在一起的情侶檔，對彼此的影響也會更大。也就是說，正因爲是親密的對象，才更會在不知不覺當中模仿對方的舉動。像是長期相處在一起的老夫妻，據說連臉部的表情都會愈來愈像，這說不定也可以說是同步效應造成的結果。

 人類會在不知不覺當中，尋找和自己相似的人或適合自己的人，這個行為稱為「配對理論」（Matching Theory）。

同類型的人會互相吸引

〈紐科姆的實驗〉

針對 17 位住宿男學生進行交友關係的調查。

實驗剛開始的時候

和住附近的鄰居感情比較好。

然而

實驗開始過了半年後

和物理距離沒有關係，學生會和與自己思想與性格類似的對象感情變好。

> 人類會自行認定和自己相似的人是很有魅力的，並慢慢被其所吸引！

甚至

心裡暗藏著在潛意識之中模仿對自己有吸引力的人的動作的心理效應。

➡ 「同步效應」

 因為情侶和夫婦會產生同步效應，所以兩人的行為模式才會愈來愈像！

從腳尖看出情侶的熱戀程度

在長椅上有一對看起來感情很和睦、正在交談的情侶。但是仔細一看，雖然他們看著彼此，腳尖卻各自朝向外側……？

腳尖顯現的真心

臉部方向和表情在某種程度下，是本人可以有意識地表現出來，甚至也能夠簡單地加以掩飾，但是腳尖的方向就不是輕易能夠用意識控制了。正因如此，它也最能顯現此人的真正心情。

人類在和有好感的人相處時，會有一種身體自然會朝向對方的習性。不只臉部，就連膝蓋和腳尖都會朝向對方所在的方向，自然地採取一種防止他人闖入兩人之間的姿勢。

也就是說，即使有一對情侶並肩而坐、笑臉盈盈地正在對話，如果他們的腳尖一直都是各自朝向外側，就代表其實他們的關係不好，甚至已經快要分手也說不定。

這樣的傾向不只適用於觀察情侶，包含朋友、熟人或團體之中的群體關係也能適用。如果他們的關係相當親密，自然地都會朝向內側。

判斷對方是否有意思的方法

只要了解人類的這種習性，在聯誼時就能夠派上用場。如果在聯誼時遇見喜歡的異性，可以嘗試著將全身朝向對方和他談話，對方會先將臉轉過來回話。然而，如果對方興趣缺缺，腳尖就不會也同時轉過來了。

即使談話談得很愉快，如果對方的腳尖朝外，一找到時機他可能就會假裝要上廁所接著離席，說不定就此轉移到別的座位去了。所以要趁對方還沒離席前，盡快找出對方感興趣的話題，只要有辦法讓對方腳尖轉過來，都還是有機會的。

 就算是翹腳的時候也一樣，可以從翹腳的腳是朝外或朝內判斷對方投入的心思有多深。

腳尖擺向顯示的真心

腳尖朝外

對對方沒有任何意思，或者是心裡在思考別的事情。

↓

親密度 低

腳尖朝內

對對方有好感，對於談話內容也深感興趣。

↓

親密度 高

人類會自然地將膝蓋和腳尖朝向有好感的對象和有興趣的方向。

只要觀察情人的腳尖，馬上就能一目了然地發現，他所表現出的親密只是表面上的，還是出自真心！

加深愛情濃度的坐法是並肩而坐！

只要超過2個人以上，座位的坐法就有各式各樣。包含面對面坐、並肩而坐，甚至也有L型的坐法。如果想要加深彼此的關係，應該怎麼坐才好呢？

面對面坐著吃飯

　　同公司的B先生與A小姐其實是「同事以上戀人未滿」的關係，雖然B先生想要加深與A小姐之間的關係，但一直都沒有成功。因為在兩人吃飯時，坐在對面笑得燦爛的A小姐看起來好開心，所以B先生想趁機拉近彼此距離，但是卻不知道如何再進一步。

提升親密度的坐法

　　如果想要將與原本就已經很親近的關係，提升到更親密的層次，應該要重新審視雙方吃飯時選擇的位置。

　　心理學家庫克曾針對到酒吧和餐廳的雙人組之間是什麼樣的關係，以及他們坐座位的方式進行調查和分析。

　　結果顯示在四人座位上採取斜對角坐，看來就好像關係很疏離的雙人組最多。這正是雙方都不允許對方侵入自己個人空間的證明，而由於身體距離也和心理距離成正比，可以說這兩人的親密度相當低。同樣地，因為面對面坐時桌子也會成為兩人間的阻礙，因此也不會產生親密的火花。

　　然而朋友之間最多的模式就是選擇轉角的桌子，坐成L型講得天花亂墜的情形；而情侶則多選擇可以並肩而坐的坐位。如果兩人並肩而坐，不但身體的距離最近，視線上也不會受到多餘壓力的干擾。由於這麼坐能夠讓彼此放鬆，親密度也能一口氣往上提升不少！因此，推薦B先生可以選擇吧檯的座位。因為這樣不但可以拉近身體距離，暫時移開視線也不會顯得不自然，也比較不會覺得困窘。

據說在公司已婚的上司和部下在員工餐廳肩並肩吃飯，特別容易被發現他們之間的不倫戀。

從座位觀察彼此的親密度

〈M・庫克博士的調查〉

①坐斜對角
採取這種坐法的雙方較多為關係疏遠，或者是相互厭惡。

親密度　低

②坐L字型
這種坐法最適合感情不錯的朋友，可以盡情談話。

親密度　中

③並肩而坐
由於和旁邊的對象距離較近，可顯示雙方的親密度，是雙方都認可對方進入自己個人空間的高度親密狀態。

親密度　高

也就是說

如果想要提高親密度，不要面對面坐，最好是並肩而坐！

馬科斯·魏泰邁的完形心理學

就在約翰華生提出與威廉馮特相反論述的同一時刻，德國也提出了新的心理學理論，那就是馬科斯·魏泰邁（Max Wertheimer）提出的「完形心理學」（Gestalt psychology）。

不同於馮特主張，人類受到外部刺激引起的心理反應都是個別因素，完形心理學家主張「人類的心理反應是受到周圍全體事物的影響」。所謂「完形」，在德文當中是指「整體、全部」的意思，也就是說「心理感受是受到多重現象所共同引起的相乘效果影響，而產生的心靈反應，光用馮特所說：『心靈反應是由單純的要素集結而產生』是無法完全解釋清楚的，因此要了解一個人的心理，首先必須考慮的是全體的事物。」

心理學從原本馮特開啟的科學式近代學問，此時終於成為被大眾認可的一門獨立學問。

○完形法則

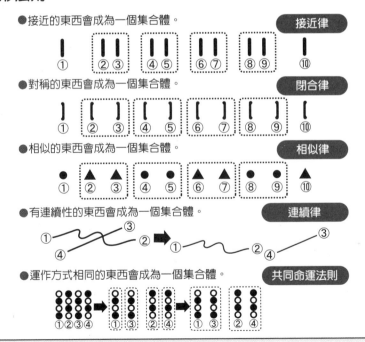

●接近的東西會成為一個集合體。　接近律

●對稱的東西會成為一個集合體。　閉合律

●相似的東西會成為一個集合體。　相似律

●有連續性的東西會成為一個集合體。　連續律

●運作方式相同的東西會成為一個集合體。　共同命運法則

第**4**章

「解讀」朋友們潛意識當中的行為！

本章將分析你身邊的友人和熟人的舉動，

並且將這些正因為是可以輕鬆面對的友好關係，

所以才會不經意地表露出的舉動，

分成言語、動作和習慣三種類型。

說不定會顛覆你「這個人就是這種個性」的刻板印象也說不定！？

隱含在「我只跟你說」裡的技巧

「我只跟你說」這句話能夠吸引聽眾的興趣，也是能讓對方產生好感的魔力語言，而它造成的心理效果也是最大的。

將「我只跟你說」這句話擺在前頭

我有一個朋友，每次在要告訴我一些他珍藏的祕密時，都會裝模作樣地先講一句「我只跟你說喔……」。每次聽到這句話，不知爲何我就會覺得自己對他來說好像是個很特別的朋友，好像很信賴我似地讓我覺得很開心，但是……

高度的心理技巧

不論是誰，只要聽到「我只跟你說」這句話，都會產生一種好像和別人一起共有祕密的興奮感受，因而對對方將要說的話題產生興趣。不知道爲什麼只要聽到這句話，接下來要說的祕密的價值就會突然飆升，並且讓聽者在聽到祕密之前就先對它充滿期待，不論是誰聽到這句話，都會不自覺地伸長脖子或是降低音量！

事實上，這樣的言語中含有「因爲我信任你所以我才跟你說」「我只特別對你說而已」這樣的意思在其中。而且人本來就無法抗拒「特別」或「限定」這類詞彙，只要被別人當作是特別的人對待，就會自然地對對方產生好感。

也就是說，經常使用這句話穩當地抓牢聽眾的心，說不定原本就知道這種心理效果，早就算計好要這麼做也說不定。而實際上，不論是誰持續使用「我只跟你說」這句話，都能確實吸引對方的興趣。

除此之外，將這句話放在前頭，也會有「因爲我特地把重要的訊息轉告給你，所以下次換你也要提供我其他訊息」，這種強調「有借有還」的情形。

 像是郵購或網購的賣方使用「現在才有的限定價格」，也是刺激消費者購買欲望的心理技巧。

人最無法抗拒「限定」這兩個字！

〈史蒂芬・沃策爾（Stephen Worchel）的實驗〉

瓶子內只有放 2 塊餅乾的實驗組	瓶子內放 10 塊餅乾的實驗組

明明兩邊都是相同的餅乾，但是如果問他們餅乾好不好吃的時候……

說好吃的人比較多	說好吃的人比較少

人若是得到限定（少數）的東西，對該物品的好評也會比較多。

這就是所謂的「**稀少性原則**」

 也就是說

人只要得到「只告訴你」這種有限定性的訊息，就會覺得自己被別人認定是特別的存在，進而對講話的人產生好感。

「這是爲你好」，但眞的是爲我好嗎？

每次聽到別人跟你說「這是為你好」的時候，雖然自己覺得很疑惑，但是卻又不好意思拒絕。可是事實上，對方真的是在為你著想嗎！？

對你說「這是為你好」的人

朋友之中有位有名的管家婆K小姐，她的口頭禪就是「我是爲你好才這麼說」。有一次我在跟朋友商量事情時，果然她馬上就想要提供意見，然後在最終的結語就會出現這句招牌名言。當然她說是爲了我好我眞的很感謝她，但總覺得有點刺耳。

不是為了對方好，只是自我滿足

其實我們不難想像，這位K小姐應該只是一個喜歡將自己的想法講給別人聽、喜歡告訴別人該怎麼做的一個人。

但是如果一味地表現自己的想法，很可能只會造成對方產生被壓迫的感覺，因此他們才會採取好像對對方有益的說法，想要提高自己的關心。

也就是說，即便言語上她說「這是爲你好」，事實上也只是順自己的意做自己想做的事而已。他們其實只是想要別人聽聽他們從自己的經驗感受到，或得到的知識所衍生出的想法，並不一定對對方有助益。

而且會這麼做的人大部分都很喜歡說話，所以當你聽到她說出這句名言時，還是先有個心理準備，她要講的話不會那麼早結束。如果你是用很無所謂的態度把她說的話當耳邊風，她很可能又會再引用一次同樣的話，讓這個對話長度愈拉愈長、愈講愈熱烈。假如會造成這樣的結果，不如一開始就用眞摯的態度聽她說話，即使只是表面上說說而已，最好還是感謝她幫了你一個大忙比較好。

> 像這種說話方法也不乏出現在上司對下屬說話時，這時他們使用的「我年輕的時候……」這句話和「這是爲你好」有相同的意思。

隱含在詞語當中的意圖

我是為你好才
會這麼說！

此時的心情？

我的人生經驗一定
是很有用的！

我現在要跟你說的是
很有用的資訊，你可
要仔細聽清楚！

> 與其說「他抓準了重點想要告訴你準確的建
> 議」，還不如說「他只是想把從自己的經驗得
> 到的人生理論告訴你」的欲望比較強烈。

雖然他沒有惡意，但是對於對方來說

很可能會造成對方「很大的困擾」！

 因此這句話真正的意思應該不是「為你好」，
而應該改成「為了我自己」。

常常說「但是」的人的心理？

身邊應該都不乏常常說「但是」或「可是」這種否定字眼的人，說不定他們會這麼做，是因為自己優柔寡斷又自我中心的個性所造成的。

連續表示否定字眼

只要有人表示某些意見，就有一個朋友一定會說「可是呢……」這種否定的字眼。像是今天也有很多朋友集合在一起，當我們正在討論泡湯之旅時，他又說「可是啊……溫泉是不錯啦，但是你們不會也想觀光嗎？」打斷大家的討論。雖然他好像也不是特別對某人反感，但是……

優柔寡斷又自我中心的人

不管是什麼話題，第二句話一定會說「但是」或「可是」這種話將話題打斷的人，也有可能是因為有自我中心的個性。所謂「但是」或「可是」是一種拒絕接受對方意見，並加以否定的字彙。如果太常使用這樣的字眼，不但在潛意識當中表現出想要攻擊對方的心理，甚至也有可能想要藉由講贏對方表現出自己比較高的地位。另一方面，會這麼做的人通常也屬於無法自己下決定的優柔寡斷類型。即使說出和對方相反的意見，但是因為無法自己決定最後的結論，所以才會先說「但是」好讓話題中斷，再整理自己的思緒。

除此之外，常常使用否定連接詞的人，也有可能是故意假裝優柔寡斷無法下結論，只是單純地想要和對方談話而已。原本對人比較不客氣、強烈希望大家都可以把注意力放在自己身上的人，似乎更常看到這樣的發言。

不論如何，一直用否定的字眼將話題打斷，也是很讓人困擾的事情，所以對於這種人，只要反問他們「那請問我應該怎麼做呢？」詢問他們具體的意見是什麼，應該就可以解決這個問題。

如果是情侶之中的女方說「可是啊……」則是撒嬌的表現，也可以說是一種愛情表現。

因為自己的意志薄弱所以才要提出反論？

可是～

可是～

為什麼總是會唱反調呢？

理由之一 攻擊對方，想要取得優勢！
> 想要藉由否定對方的意見來肯定自己。

理由之二 討厭自己下結論。
> 自己先產生了疑問和不安，不想要做整合意見這件事。

這種人除了是自我中心以外，也是優柔寡斷類型的人。

對付這種人……

只要問他「那麼，你說該怎麼辦好？」要求他提出具體意見，就能封殺他繼續「可是」！

常說「其實我是覺得～」是撒嬌的表現

近年來出現很多會說「其實我是覺得～」這種曖昧講法的人，也許正是因為他們沒有自信，所以講話才會如此曖昧。

在日文當中已經完全固定的新世代語言

在這幾年間，在日文當中已經完全成為固定用法的語言，像是「其實我是覺得～」「有那種fu～」的講法，就是所謂的新世代語言。剛開始時雖然只有少數年輕人這樣說，但最近在日常會話中似乎已經變成理所當然的用法。有的時候甚至還會突然以「其實我是覺得～」為對話的開頭，但是在這樣的用語背後，到底隱藏了什麼樣的真心話呢？

因為沒有自信所以變得曖昧

常常說「其實我是覺得～」的人，其實只是想在話題結束之前徹底宣傳自我主張，這是因為他們無法認同別人正在進行的談話內容，且無法不說出自己的想法。但另一方面又對自己的主張沒有自信，所以才會使用曖昧的講法，因而不斷重複「其實我是覺得～」這句話。

此外，「有那種fu～」的講法也一樣，也是常出現在話者本身有想要提出的意見，但是卻對自己獨自判斷的事物缺乏自信時使用。這種講法表現出的心理現象是：這位說話者避免提出明確的判斷，總之只要先把話說出口，就可以先將自己的論點保留，但卻又可以持續進行對話，也可以算是一種撒嬌的表現。再者，常使用「有那種fu～」的女性通常都有愛幻想的習性，而如果是男性常使用這個說法則可能是有喜歡說大話的壞習慣。

表面上像這種「其實我是覺得～」或「有那種fu～」的講法，看起來好像只是一種充滿曖昧的說法，但其實也隱藏著年輕人特有的心理。如果在你的朋友或熟人當中也有人常使用這種詞彙，請不妨試著體諒他的內心。

 小知識 「超～」也是年輕人用語之一，此時它在日文中並非指「若無其事的樣子」，而是用在強調要修飾的字詞。

使用曖昧字眼的人的心聲

其實我是覺得～

有那種fu～

為什麼會一直使用這種曖昧的講法呢？

 理由之一 想要主張自己的意見！

> 當無論如何都想要說出自己的意見時，就說出來了。

 理由之二 雖然想要主張自己的意見但是卻沒有自信！

> 雖然沒有說出口，但因為對自己的意見沒有自信，所以想要含糊帶過。

其實自己有些想要表述的想法，但是卻不想要背負將自己的想法提出的責任。

 想要委託給周遭的人幫忙判斷＝想要撒嬌！

隨意就親密地叫別人名字的人？

如果有個人明明和你沒有那麼要好，卻親密地叫你的名字時，很可能是表示「他很想要跟你變得更要好」。如果對方剛好是你也有好感的人，就是很好的機會。

一句話當中連續叫了好幾次你的名字

「早安啊A，話說回來，A你是住在哪裡呢？」就像如此，有些人每講一句話，都會叫一次你的名字。如果和對方本來就是很熟的朋友還不算太奇怪，但是如果不是很熟的朋友，總覺得怪怪的。那麼，像這種總是連續叫好幾次別人名字的人，心裡到底是在想什麼呢？

想要和你變成好朋友

如果和你並不是很熟的人，總是在對話當中夾雜很多你的名字，可以把這個現象看成「他很想要跟你變得更要好」的表示。

不論是誰都會有「想要被認可」「想要被尊敬」的欲望，在心理學當中稱這種欲望為「認同需求」，而且這樣的欲望只要有人叫他的名字就能得到滿足。而這種不停叫別人名字的人，說不定就是在利用人類這樣的心理，想要藉此提高雙方的親密性。也就是說，利用頻繁地稱呼對方的名字，滿足對方的認同需求，藉此縮短彼此心理上的距離。如此一來，如果對方剛好也是自己想要將關係拉近的人的話，將會是個很好的機會。

但是這樣的情形發生在商場上，狀況就多少有些不同。如果是在商場上，對方隨意地一直叫你的名字，與其說他是「想和你變得更親近」，不如說他企圖「想盡辦法要奉承你」的可能性還比較高。所以如果對方態度突然轉變時，應該還是多少抱持一點警戒心比較好。

 在稱謂上如果用「小A」或者是暱稱來稱呼對方會更顯親密，但是要小心不要讓對方覺得過分親密。

稱呼對方的名字是親密的證明

小A妳啊～

各自的心情是？

他記得我的名字！

由於別人叫他的名字而滿足了他的認同需求。

我想要拉攏他！

藉由稱呼對方的名字，迅速提高對方對自己的親近感。

稱呼對方的名字能夠讓對方產生認同需求，並縮短彼此心理上的距離！

what's 「認同需求」

自我實現的需求
自尊、認同的需求
社交感的需求
安全、安定的需求
生理需求

此圖為美國心理學家馬斯洛（Abraham H. Maslow）所提倡需求層次理論。自尊、認同的需求是一種希望得到對方尊敬的一種欲望。

因爲沒有自信才會說「絕對」

通常大家都會覺得「絕對」這個字，一定是自信滿滿的人才會使用吧？但是，實際上在這個字彙背後，卻隱藏著沒自信的因素在其中！

喜歡說「絕對」的朋友

我有一名朋友他的口頭禪是「絕對要～喔！」前幾天，我不小心和男朋友大吵了一架，但是因爲我實在是太氣憤，就在這位朋友面前碎碎唸著「我們乾脆分手算了」的時候，沒想到她馬上就回我一句「絕對是分手比較好啦！」明明她也沒有和我男朋友見過面，甚至也沒有深入地聊過天，她到底是根據什麼而充滿信心地跟我說「絕對」怎麼做比較好呢？

這個「絕對」不可信賴

從結論來說，在這種情況下所說的「絕對」完全沒有根據。所以就當她是又開始講平常的口頭禪，接下來的內容當作參考就好。

那麼，爲什麼她明明沒有任何根據，卻要使用這麼肯定的字眼呢？是因爲她對自己的想法很有自信嗎？

事實上，愈常說「絕對」，內心在對自己的意見沒有信心，導致過度的不安和恐懼下，爲了讓自己冷靜下來，才會使用「絕對」這個詞。也就是說，或許我們可以說「絕對」這個詞其實不是講給對方聽，而是講給自己聽的。

儘管如此，當然也有的人使用這個詞是因爲他眞的對自己的意見很有自信，爲了想要表現自己、覺得對方聽他的意見準沒錯，才會使用這個詞。就本質上來說，也不是她的意見有根據才這麼講，而是因爲她過度害怕遭到反對，希望在被別人反對之前先這麼講，這種防止被人批評的心理作祟才會說出這樣的話。

 頻繁使用「沒問題」的人，也是在沒有任何保障的情況下，想要講給自己聽、讓自己安心，而這種人也不在少數。

常使用「絕對」這個詞的人的類型？

絕對！

分手比較好啦！

為什麼她會說「絕對」呢？

 想消除自己的沒自信！

> 因為他想要利用言語的力量，將隱約感受到的不安感消除。

 想要堅持自己的意見！

> 雖然完全沒有可以斷言說出「絕對」的根據，但是他也不想改變自己的主張。

 完全沒有可以幫他的意見背書的根據，使他沒有自信，但是他想利用「絕對」這個字眼讓自己安心！＝愈是對自己沒自信的人，有愈常使用這個字的傾向。

愈正經的人一旦喝醉，個性變得愈多

人的真心話不只可以從言語讀出，也能夠從他的態度來理解。特別在酒席上更能看出人的真心，只要從喝醉的情形來看，就能夠完全了解這個人。

喝醉的表現因人而異

今天是我們10年不見的老同學們難得聚在一起的日子，隨著黃湯不斷下肚，聚會也愈來愈熱鬧，幾回下來，喝醉的人表現的方式各不相同：有人醉得一蹋糊塗、也有人像機關槍一樣不停自誇，當心裡一面想著「原來他是這種人啊～」的同時，也發現了有人連臉色都完全沒變。

酒精的魔法

從人酒醉的方式，可以解讀出他的性格。例如喝醉後會完全變個樣子的人，不管遇到誰都纏著別人胡鬧、大聲笑鬧，甚至大哭等這種完全變身成另外一種類型的人，實際上大部分平常應該都是很正經又理性的人。這是因為他們在喝醉後才會將平時累積的壓力一口氣全發洩出去。

另一方面，會一直自誇自讚的人平時說不定很自卑。這種人在喝醉時會將平時日常生活中偷偷隱藏起來的自卑感，用完全相反的方式將它表現出來。

此外，即使在比較不拘禮節能開懷暢飲的筵席中，也會注意喝下肚的酒量，即使喝了不少酒仍然不動聲色，這種人就是警戒心較強、不讓本性外露的類型，甚至可以說他們害怕因為酒力而露出本性。

但是要特別小心那些會在酒席中表白本性或祕密的人，這是因為他們有可能是想要儘量創造出表白的氣氛，藉此引出你的祕密。一旦他說他不小心將你的祕密說出去後，說不定還會哭給你看。

 小知識 在酒席上會說「乾杯」的人，有不少都是實際上在喝酒時會有所保留，請注意不要真的上當了。

喝醉的模式與性格

〈1. 酒後會大變身的人〉

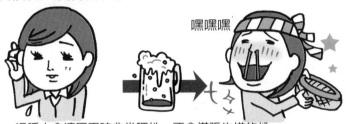

嘿嘿嘿

這種人會連同平時非常理性、不會慌張失措的份，一起藉由酒力一口氣發洩出來。

||

本性非常正經的類型

〈2. 酒後會自誇自讚的人〉

哼哼～

將平常藏在心中的煩惱用完全相反的方式顯現，藉由自誇自讚消除心中的煩惱。

||

自卑感很重的類型

〈3. 酒後仍不動聲色的人〉

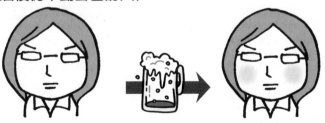

即使在不拘禮節的筵席當中，也絕對不會將真實的自我表現出來。

||

警戒心強的類型

照相總站在中央的人是怕寂寞的人

在自然形成的團體位置當中,有站在正中央的人、也有站在角落的人。因此,我們可以從拍照時所選擇的位置,了解該團體的內部狀況!

從團體照得知彼此的心理關係

當一個團體一起去旅行或是參加活動時,一定會照一張團體照。在這個時候,明明也沒有特別意識要站在哪裡,但是大家的位置好像自然地就已經決定好了呢?其實這反應了團體內部的心理關係。

大家都會聚集在領導者的周圍

團體照當中,每次總是站在中央的人大多是該團體內的領導者。這種領導者通常都具有社交性、經常表現出積極態度的性格,總是想要率先以領導者的姿態完成帶領大家的任務。不過反過來看,這些人大部分也都是討厭孤獨、不喜歡一個人行動、害怕孤單的人。

而站在領導者旁邊的人,大部分會是該團體內排名第二的人,也是輔佐領導者的人物。他們常表現出和領導者的親密性,常常和領導者一起行動,用各種方式幫助領導者。特別是站在可以看見領導者最真實一面左側的人,他也可以說是領導者最信任的人(請參考P102)。

另一方面,通常站在離領導者有一段距離的人,說不定是不認可領導者的人。他們可能平常就沒有想要和領導者接觸,也不太關心,因此他們才會自然地站在與領導者有一些距離的位置。這樣的人即便很偶爾地站到領導者旁邊,應該也會很自然地與其保持一點距離。如上所述,只要從一張團體照就能猜測一個團體內複雜的人際關係,其實是很有趣的。

 小知識 討厭照相的人其實會有一些自我意識過強的情形,他們其實是因為會很在意照片照出來以後別人對他的看法,才會不喜歡照相。

從站立的位置得知大家在團體中的角色

1.站在正中央的人物是？

照相時站在中央的人由於他們擁有會讓大家自然地聚集在他周圍的特質，所以大多是該團體當中的領導者。

 領導者

2.站在領導者左側的人物是？

通常站在領導者兩旁的人都是屬於輔佐領導者的角色。如同P102所述，由於人類最真實的感情會表現在左側，所以站在領導者左側的人物會特別受到領導者信賴。

 助手

3.離領導者最遠的人物是？

站在離團體中心最遠的人，在他的心中並不認可這位領導者的存在，也可以說他對這位領導者漠不關心。

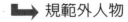 規範外人物

隨身攜帶折傘的人是什麼意思？

每個人習慣帶什麼傘、怎麼樣拿著，都有各自的方式，只要稍微觀察一下，就可以知道這個人的性格。

拿著折傘走路的人

某天和朋友在餐廳愉快地晚餐後，沒想到竟然下雨了！但是我記得天氣預報的降雨機率明明就很低，而且在進入餐廳前天空也完全沒有會下雨的跡象，正在想自己運氣真差時，一看旁邊，朋友竟然不慌不忙地拿出收在包包裡的折傘。當我佩服地跟他說你真是準備周到時，他卻以像是勝利般的誇耀口吻說：「我就是為了這種情況，所以才會每天帶著傘出門的」。

隱藏在「雨傘」當中的涵義

首先，這些總是隨身攜帶折傘的人，擁有對於任何事情都會有萬全準備、善於避免風險發生的個性。他們不會被不清不楚的訊息給迷惑，為避免發生突發事件故絕不會疏於準備。從這幾點來看，在工作上他們講求事前準備好對策，即使發生問題也能夠沉著面對，是非常可靠的存在。

但是如果從反面來看，他們其實是杞人憂天、容易擔心的過度謹慎者。另外，根據精神分析學家佛洛伊德的說法，雨傘可說是父親權威的象徵。也就是說，隨身帶著雨傘的行為，或許也可說是因為想要永遠都在父親的保護下，藉此獲得安心感的表徵。

除此之外，在降雨機率只有30%的微妙天氣裡，不是帶著方便攜帶的折傘而是長傘外出，就是堅持自己的想法、比較固執的類型。而且在這種不確定到底會不會下雨的日子裡還拿攜帶不便的長傘，也可以預想說不定這個人就是存有那種認為「如果不是長傘的話就不是傘了！」的超頑固想法的人。

小知識　當下了雨才慌慌張張跑去便利商店買雨傘的人，就是會有「船到橋頭自然直」的想法，簡而言之這種人說不定就是大而化之的人。

隨身攜帶雨傘的人有戀父情結？

〈隨身攜帶折傘出門的人的傾向〉

我有帶傘喔！

①就算遇到突發狀況也能處理的謹慎派。

②連小事都會注意到，非常可靠的人。

反面

他們也有對於不知道會不會發生的問題過度
緊張的另一面！

 此外，根據佛洛伊德的解釋，「雨傘＝父
親的象徵物」。

也就是說

 有些人藉由隨身攜帶代表父親的雨傘，而得到
受守護者保護的安全感也說不定!?

手舉高這個動作是什麼意思？

請問你是否也曾經看過，在一位大叔要穿越人群時，還特地把手舉高？
其實在這個手勢當中，藏有很多的祕密。

將手舉高穿越前方的男性

這是在電影院發生的事情，有一位想要穿越座位前方人群的男性，一面說「借過」一面將單手舉高，就如同用手掌上下切的動作。這樣的景象或許已經見怪不怪了，但是仔細想想，你知道那樣的手勢含有什麼意思嗎？

包含在手上的感情

像這個男性一樣這種將手舉高的動作，其實富含很多涵義。首先第一點，這樣的動作可能和一個人擁有的領域（Territory）有關。如同先前所提到的（請參考P14），每個人都擁有自己的個人空間，而這個空間的大小依每個人感受不同而有所差異，其中的共通點是當外人闖進這個領域時，都會感受到不安與不愉快感。因此，人與人平時都會在潛意識中注意不去侵入彼此的領域。

但是這個男性為了走到自己的座位，不論如何都得經過你的座位前方，如此一來他就一定得穿過你的領域。於是他才會把手舉高，想要告訴你「這就當作是我和你之間的分界線吧」。同時也是表示「我不會再更靠近你，請你放心」這種代表自己沒有惡意的意思在其中。而如果在手舉高的同時又彎著腰走，則是更加深了分界線（與沒有惡意）的意思。

或者可以解釋成「謝謝你讓我通過你的領域」這種帶有感謝的意思。在歐美國家其實沒有這種將手舉高的習慣，這或許可以說是注重禮儀的日本人獨特的表現方式吧！

 小知識　相撲選手在比賽獲勝的時候，會在賞金前將手舉高，在相撲中這個動作是對各方神明表示感謝的意思。

隱含在手上的三種意思

1.表示界線的意思
用手表示境界線，說明「你和我的勢力範圍之間的界線在這裡」的意思。

2.表示自己沒有惡意
為了表示「我會稍微進入你的領域一下下，但是我沒有要攻擊你喔」的意思，讓你看他的手上沒有東西。

3.表示謝意
為了表示感謝之意，用手說明「謝謝你讓我通過你的領域」。

也就是說，不論是哪一種意思，將手舉高都是不希望造成對方產生不安或不悅感受的行為。

順帶一提

會在通過別人面前時將手舉高這個動作是日本男性特有的行為，而女性或歐美各國一般來說則是用笑臉表示。

照相時比YA的意思是？

和朋友照相時比YA、在旅途中住宿的飯店前比YA等，這是大家都很熟悉的手勢。這個只要站在鏡頭前就會直覺反射出的動作，到底有什麼意思呢？

YA是勝利的表示

當我們和一群朋友一起出去玩，每當拍照的時候，大部分的人一被鏡頭對到，都會擠在一起將兩隻手指伸直，比出YA的手勢。這大概是大多數的人在潛意識中都會使用的姿勢，不過其實這個手勢是源自於第二次世界大戰時代表示勝利（Victory）的意思。直到60年代左右才以和平的象徵為大眾所認識，之後慢慢地大家在照相時就會想到「YA」！從此就成了拍照時的基本動作。

不做點什麼的話好浪費時間！

那麼我們為什麼會採取這樣的動作呢？其中的原因之一，就是人類的本能。人類本身擁有一種動物性本能，即不想要在自己沒有準備的情況下被別人看到，這不只包含肉體層面的感受，也包含了不想被別人看穿內心的精神層面。

如果被相機拍下來，照片中的自己是會永久地保存在相片裡，可能會被很多人看到。因此，人類為了不要在照片中留下過於真實的自己，所以才會比出這種任何人都可以做的動作，藉以表現自我。

另一方面，還有一個理由是說，有人會覺得從相機找好角度，到按下快門之前的空窗期不做些什麼好像太浪費了。所以與其在按下快門前站著發呆而感到很不知所措，不如先比個YA，或者是擺其他的姿勢來掩蓋自己不知所措的感覺，同時還可以填補這段等待的空檔。

據中國的心理學者所稱，拍照時會直挺挺地站著、抬頭挺胸手插腰的人，大多都是很有自信的人。

YA手勢代表表現自我！

此時的心情是？

想要留下我最
完美的一面！

在等待拍照的時候
光只是站著也太浪
費時間了吧！

[雖然也想要拍照，但是又覺得不好意思，所
以只要一面對鏡頭就會想要做點什麼動作，
忽略鏡頭的存在。]

 YA 這個手勢在拍照時是最普遍的一個動作。
＝藉由做這個不會出錯的動作表現自我，同
時又能夠遮掩自己的不好意思！

聯誼時表現出很無聊的樣子是什麼意思？

在聯誼時總是會看到表現出一臉無趣的女性，雖然她讓人覺得就算找她聊天也沒有用，不過說不定這才是她的目的！？

在聯誼時拖著腮幫子的女性

B先生參加了一個三對三的聯誼活動，當時大家都很熱絡，氣氛也非常好。但是只有A小姐一直都是提不起勁的樣子，托著腮幫子只顧著玩弄玻璃杯。不過因為她是B先生最喜歡的類型，所以B先生想要多認識她一點。但是他到底該不該主動跟她說話呢？

內心與外在態度完全相反

從結論來看，B先生絕對應該主動跟她說話。為什麼這麼說呢？因為事實上，那位女性之所以會托著腮幫子，很可能是因為在心理學所說的「反向作用」（Reaction Formation），造成的一種行動表現方式。

所謂的反向作用是指，當一個人不想要讓對方明瞭他真正的心思時，故意表現出與自己內心想法完全相反的態度。也就是說，其實A小姐的內心很有可能和其他人一樣開心，甚至比其他人都還要興奮，但是又擔心如果太過喧鬧，會被認為是聯誼老手而感到不安，所以才無法誠實地表現出自己的欲望。

此外，托著腮幫子這個動作也有代表不滿足的意思。當一個人突然感受到不安或寂寞，希望有誰能夠安慰自己、希望改變無趣的現況時，可能就會用托著腮幫子這個動作當作訊號，告知周遭的人。其實有這種習慣的人，不少是喜歡幻想又浪漫的類型。

或許在這個時候，B先生鼓起勇氣邀請A小姐繼續續攤，說不定會意外地得到OK的答覆。

 在聯誼當中喧嘩笑鬧的女性，有可能是因為內心存有「一定要讓場面熱絡起來」的使命感，才會有如此的表現，但事實上早已冷卻了也說不定。

就是拖著腮幫子的女性才有希望！？

此刻的心情？

太好了！我今天超有面子的！

快點！快點！快點約我啊～！

實際上內心早已興奮得不能自己，但是很怕如果表現出來會被其他男性認為「這女的好像很隨便」。

也就是說

藉由表現出和內心的想法完全相反的行動，來處理內心抱持的不安感！

 只要鼓起勇氣和她說話，說不定能順利得到令你滿意的答覆！

幫人斟酒的人其實內心暗藏祕密！

在酒席當中不停幫旁人斟酒，看起來好像很會照顧人，但是說不定他內心是極力想要防止自己喝醉，在大家面前顯露本性也說不定！？

幫人斟酒與被斟酒的人之間的差別

我們的部門今天爲了提高大家的士氣而開辦了一場酒席。稍微觀察一下周圍的狀況以後發現，有一位同事常常都在注意周圍，只要有人的杯子空了馬上就會站起來幫忙倒酒，或者是確認菜單，非常認眞幫忙。而和他同期進公司的人則是除了去洗手間外都坐在椅子上，由別人幫他斟酒。這兩人會有這樣的差別，是代表了什麼意思呢？

爲了隱藏自我不斷幫人斟酒

在公司的酒席或其他需要喝酒的場合當中，不論上司或部下，通常會分成積極地幫忙斟酒，和一直都是別人在幫他斟酒的兩種類型。而一般來說，這種會不斷幫大家斟酒的人，通常都會被認爲是很會照顧別人的類型？

不過，在此同時，他們的心裡有很高的可能性正在想著「我絕對不能喝醉喪失理性」。例如，假設在這個部門當中有某個他很不喜歡的人，而不小心趁著醉意把這件事講出來就糟糕了。也就是說，他將自己不想意識到的感情藏在心裡，這種人可以說是冷靜又會算計的類型。

相對於此，那種都是別人在幫他斟酒的人，可以說是比較自我中心，只以滿足自己的欲望爲第一考量行動的類型。這種人通常都很喜歡被大家照顧、喜歡被奉承，因此，他們也就會疏於關心其他人。這種類型的人沒有想過要利用幫別人斟酒，來幫助自己與他人間的人際關係，由於他們只想著當下快樂就好，所以也不善於先計劃再行動。

 小知識　喜歡自斟自飲的人不喜歡被其他人指示自己應該做什麼、也不喜歡自己的步調被打亂，可以說是自我意識很強的類型。

宴席上的行為與其真實想法

各自的想法是？

真愉快～

絕對不喝醉！

與其思考自己應該採取什麼樣的行動，不如以滿足自己的欲望為優先。

不但能夠照顧到旁人，同時也非常注意不讓自己的感情表露於外。

自我中心

自我防衛心強

比較愛幫人斟酒的人大多傾向壓抑自己的欲望；而喜歡被人斟酒的人則不但想要滿足自己的欲望，也想要藉由被人奉承來趕走孤獨的感受。

經常變換風格的人是因爲恐懼

對於常常變換髮型或髮色的人，與其說他們愛跟流行，不如說他們有很強的變身欲望。而且大多數人都是心裡常常感到不安⋯⋯

經常變換風格的朋友

當我見到那位一個多月沒見的朋友時簡直把我嚇了一跳！這次她的髮型以及髮色和之前見面的時候完全不同，可說是完全變了一個人，甚至還讓我差點以爲是不認識的人！這麼說來，上次見到她時也和上上次的模樣不同，這樣想起來好像每一次造型都不一樣。會這樣頻繁地不停變更造型，除了想像她一定有什麼特殊理由以外，實在是想不出還有什麼原因了。

由於不安定的心讓他不停變換風格

髮型本來就是表現自我方式之一，有的時候改變一下頭髮的長度或顏色，感受一下和平常不一樣的自己也是很自然的事。但是上次才把黑色長髮改成龐克風的金色短髮，這次又裝上捲髮片變成千金小姐風，對這種經常性變化風格的人，很難說他們是愛跟流行。

我們可以說這種類型的人，他們的內心可能處於極度不安的狀態。與其說他們是因爲「我想這麼做」才會改變裝扮，不如說是因爲「希望別人這麼看我」的強烈欲望使然，才會常常變換自己的風格，也常常對他人如何看待自己感到不安。

會發生這樣的情形，其實是因爲受到她對自己的自我信賴感過低的心理影響，他們通常都只能依賴別人來幫忙判斷這些衝著自己來的批評和需求。一般來說，在想要改變自己的同時，應該要對自己的內在多加琢磨，但他們卻只是藉由別人如何看待外觀的變化來得到精神上的安定。因此，經常變換風格的人大都是對自己沒信心，常常感到不安的類型。

 小知識　從心理學上來看，那些將髮色染得明亮的女性，是因為她們覺得應該要探索新的自己，想要踏出正面的第一步的證明。

從裝扮察覺對方的不安

此刻的心情？

我希望大家這麼看我！

因為我本身根本沒有什麼優點，至少在外觀上……

個人風格不穩定，想藉由外在填補本身過低的自信，得到精神上的安定。

這就是缺乏「自我信賴感」的表現。

what's 「自我信賴感」(Self-Reliance)

自己信賴自己的感受。缺乏自我信賴感的人對自己沒有自信。

欲望 ← → 批評

從記事本了解對方的性格

記事本不只有商業用途，有些人也會經常使用記事本作為日記使用，在這當中也能發覺使用人的心理。

每天核對記事本的朋友

我有一位朋友F先生，他在朋友群當中是以私下聚會都會隨身攜帶商用筆記本而聞名。他的記事本一直都是B5大小，每到年底還會再買一本同樣式的新記事本以備隔年使用。

在他的記事本上總是充滿了一些亂七八糟的筆記，以及貼著看起來像是寫著上司指示的便利貼，實在非常仔細。當然，記事本上還不只有記錄公事，就連和大家相約要喝酒的日子、時間、店名都寫得清清楚楚，不但不分公私地塞滿各種訊息，就連空白的日子都劃上了X記號，記錄非常仔細。可以想見，他一定是一到公司就先把記事本打開，到下班前再核對一次已經處理完畢的業務吧？我只能不斷佩服他辛勤用功的程度。

雖然是謹慎派但是過於神經質

總是隨身攜帶記事本的人，謹慎派人物是不論做任何事都希望能夠照順序進行，因此在工作上的失誤較少，和朋友的交際也比較不會產生裂痕。但是因為這樣的謹慎程度是源自於神經質的性格，所以很容易因為臨時發生了記事本裡面沒有記錄的事而陷入恐慌。而且也會強烈否定那些總是做一些不在自己未來藍圖計畫中的人。

此外，像F先生一樣，堅持每年都一定要使用同一種記事本的人，由於他們有討厭改變的性格，因此必定有某些地方比較固執。所以，如果想要和他們繼續做朋友，就必須要先有這樣的心理準備。

 喜歡使用曾經流行過一段時間的電子記事本的人，可能是因為他們想要強調自己熟悉高科技的一面，也許可以說是愛現的人。

從記事本的使用方式了解對方的人格

每年都購買相同的記事本

討厭改變、忍耐力高，但是有某些比較固執的地方。

每年購買的記事本都不一樣

雖然有上進心，但是容易因為自己的理想和現實不符而焦躁不安。

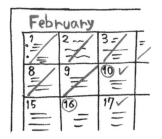

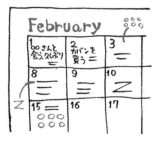

筆記詳細，也很認真核對

神經質的人，討厭步調被打亂、不善處理突發事件。

把記事本當日記使用，寫了一些不必要的東西

內向的人，喜歡回顧過去、不擅長經營人際關係。

 只要看對方的記事本，就能一目了然對方的性格！

總是豪爽大笑的人是自以爲是的

常常發出「哈哈哈哈」豪爽聲音大笑的人，不知爲何，看起來好像非常可靠。但是實際上，他們可能只是自尊心高又自我中心而已。

隱藏在豪爽笑聲裡面的真意

每次和一群感情很好的朋友要一起決定做些什麼事，其中某位愛出風頭的友人一定都會說「交給我吧！哈哈哈哈哈」，這就是他招牌的豪爽笑聲。說他看起來好像很可靠也沒錯，但又好像經常都只會說大話而已，也因此總讓人覺得交給他負責眞的好嗎……

自尊心高又自我中心

如果你的周圍總是有像這種會發出豪爽笑聲，但又只是說大話的人，還是不要打從心底信任他比較好。這類型的人通常都不會深入思考事情，大部分都有「我自己」或「大爺我」這種自我意識過強的傾向，同時因爲自尊心高，所以又比較自以爲是、缺乏協調性。也就是說，會這樣大笑的人有很高的可能性是自我中心的人。

此外，因爲這種人外表看起來好像很有大家長的氣質，而且很會照顧人，所以常常會讓人不小心就放心依賴他，但實際上通常這種人因爲本性單純，總是沒有思考太多就決定行動，所以還是要注意不要過度依賴他。而這種人大多除了自己的事情以外，不太會爲其他人著想，擁有非團體型的性格，所以有可能會打亂團體當中的協調性。在這種個性下，他們雖然不會排擠朋友也不會拒絕朋友，但是仍有可能會忽視朋友，彷彿世界只有他一個人在演個人秀一樣。當然他們絕對不是故意要這麼做，只不過因爲很容易只以自己的意見爲意見，所以對周遭的人來說可能會是顆不定時炸彈。

根據以上幾點來看，如果周圍有這種會豪爽大笑的人，還是不要太推薦他當團體中的領導者會比較好。如果認定他一定是大人物而過度信任，說不定會遭到打擊。

小知識 相對於張大嘴巴豪爽大笑的人，閉著嘴笑的人大多是祕密主義者或警戒心較強的類型。

會豪爽大笑的人的傾向

哈哈哈

就交給我吧！

此刻的心情？

交給我的話事情一定能順利進行

沒有我的話根本就沒辦法進行嘛～

這種人想著「我來我來」的意識很強，即使是靠眾人幫忙才完成某件事，也只會覺得都是自己的功勞。

自尊心高、自我中心

 由於他們不會讚美別人，因此也很難得到眾人的信賴。

＝這種人的本性大多屬於孤獨的一匹狼。

在與他人的對話中吐舌頭的意思是？

在與一個很愛吹噓自己的朋友談話之中，有另外一位朋友不知為何突然偷偷地吐了一下舌頭。他原本應該是沒有這樣的怪癖啊……？

厭煩的表示

一般來說吐舌頭大多代表拒絕的意思。像是還不會使用自己雙手的嬰兒，在父母的照顧下餵食食物，但是如果吃飽了或者是心情不好不想吃的時候，就會用舌頭將食物推回去。或是像小朋友也會在說「我最討厭你了！」的時候，也會邊做鬼臉邊吐舌頭，這應該也是嬰兒時期留下來的習慣吧。

而長大成人以後，還能夠做鬼臉吐舌頭的情況，就只剩下跟比較親近的友人鬧著玩的時候了，其他類似的表情也只有偶爾才看的到。

例如覺得厭煩時，有時會看到有人說「咧～」然後吐出一點舌頭，也有人會邊嘆氣著說「唉～」一邊稍將下巴往前突出，顯示出厭煩的樣子。這種情況大部分是因為遇到麻煩的事情，或者是不得不和自己討厭的人持續對話時，才會在潛意識中做出這樣的舉動。

此外，例如說很受不了朋友不斷自吹自擂，已經不想再聽下去，而想要改變話題時，也會偷偷吐出舌頭。

「請不要再來煩我了」的意思

另一方面，在進行繁雜的作業之類的狀況時，也有人會開著嘴、微微地吐出舌頭。

會這麼做的原因有兩個，一是因為他已經忙到忘記把嘴巴閉好才讓舌頭露在外面；二是代表另一種拒絕的意思，表示「現在請不要來煩我」。不過雖然說是拒絕，但拒絕的強度也不高，總之就是表示希望大家先不要管他這種感覺。

如果是長時間沉默很久的人，突然為了要讓嘴唇溼潤而伸出舌頭的時候，就是他有「接下來換我講吧～」的企圖，因為那樣的動作就像發言前的準備動作一樣。

吐舌頭的心理意義

〈貓或狗的情況〉

在看到蝴蝶或蟲子在牠們面前
飛舞等狀況，因為

> 專注於其中

所以伸出舌頭。

〈人類的嬰兒的情況〉

因為吃飽了，已經不想再吃了
等狀況，為了

> 想要表示拒絕

所以伸出舌頭。

〈那麼，成熟的大人呢？〉

唉～

是喔～

真是無
聊啊～

我真的太受歡
迎了，讓我好
煩腦啊～

雖然有時人類吐舌頭也會在和貓一樣出現在遇到熱
衷的情況時，但是大部分都是因為厭倦對方的話題
才會出現這樣的行為。或是他不同意對方說話的內
容等，具有否定的意思。

常誇獎別人的人其實是自己想被誇獎

經常說「真好～」「好厲害喔！」來誇讚別人的人，其實內心很希望得到別人的誇獎。

如暴風雨般過多的讚美

不論說到什麼，在提到其他朋友的時候，有一位熟人常常都會說「你真厲害耶～」或「你們公司真好……」之類的讚美來稱讚別人，而且還會補充一句「和他比起來我真不算什麼～」來貶低自己。

客觀一點來看，他其實也沒有特別差，上班的公司應該也算是相當穩定的企業。我一直都覺得很奇怪他為什麼總是會這麼說呢？

不和別人比較就無法維持冷靜

人類的心理本來就是藉由和別人比較，得知自己比較優秀來獲得優越感，反之，如果發現自己比別人差時，就會深受自卑感所苦。這種行為稱為「社會比較」（Social Comparison），此時和自己比較的對象，有可能是上司，也有可能是附近的鄰居，不論是誰都能成為比較的對象。

此外，成為比較對象的人，不只會從學歷、收入、地位等基準來比較，就連像情侶間的關係或親子關係等無法比較優劣的東西都會被拿出來比較。藉由和別人比較來自我評分、利用釐清自己的社會評價來穩定自己的心理，生活下去。

此時，只顧著讚美別人的人，大部分都是對自己沒有自信，比較自卑的人。而且通常很在意別人的眼光，並且擅自將別人對自己的評價往否定的方向解釋，因而燃起對抗意識，持續進行自己與其他人的比較。因此我們可以這麼想：其實他內心希望別人告訴他「你才厲害呢！」也說不定。

小知識 有自卑感的人，如果能夠認定自己的比較對象和自己同等級，才可能放心得到心理上的安慰。

很會稱讚別人的反面其實是自卑？

此刻的心情？

藉由和別人比較釐清自己能獲得的評價，藉此獲得心靈上的安慰。
＝稱之為**社會比較**。

在此同時

 即使表面上是在稱讚別人，但是也混雜著強烈的自卑感，內心激烈地嫉妒著對方。此外，他真正的想法其實也有可能是他覺得自己絕對比對方好，而抱持著優越感！

會穿迷你裙的女性對自己很有自信

有些成熟女性明明已經過了高中生的年紀，卻還是喜歡穿著不輸女學生的超短迷你裙，她們說是為了「流行」，但真正的原因是為什麼呢？

「單純是為了流行」只是藉口

我有一位朋友E小姐，因為在辦公室必須要穿制服，所以總是穿著長度及膝的裙子，不過她最出名的就是她在通勤時所穿的花俏服裝。她最愛穿的就是膝上15公分的迷你裙，但是她說「我不是穿給男生看，單純只是為了流行而已」。

實際上身材很好的E小姐擁有一雙美腿，很適合穿迷你裙。就連女性都這麼覺得了，更何況是男性，當然也會目不轉睛地看，也有不少人特地轉頭過來看。這個時候她就會表現出好像很不開心的表情說「不要一直看啦！」但是卻又不接受「既然如此就不要再穿迷你裙不就好了」的意見。

其實心裡想著「再多看我一眼！」

一般來說，不論是多愛好流行的女性，如果對自己的身材或腿部線條沒有自信，是絕對不敢穿迷你裙的！光從這點來看就可以知道她一定對自己的外表很有自信。

不只如此，其中的原因之一絕對也是為了自己。但是實際上是不是真的百分之百都是為了自己還有待商榷。我們可以先確定的是，她一定有在注意她這樣穿會帶給周圍的人什麼樣的觀感，毫無疑問的除了想吸引男性的目光之外，應該也有想要對其他女性炫耀自己的身材有多好的心理存在。

除此之外，調整迷你裙的裙襬或拉一拉裙子的動作，看起來好像會讓人覺得不好意思，但是實際上她這樣的動作也可能是為了想更吸引其他人的視線才做的行動。

 強調腿部線條的流行時尚，可說是相當於「男性主義的自我主張」，也是不想要在工作上輸給男性的表現。

有意識地吸引男性目光？

為什麼會穿迷你裙呢？

對自己的腿有自信！

藉由穿迷你裙讓大眾看自己的美腿，吸引男性的目光。

想要拉大與對手間的比數！

讓競爭對手看自己的美腿，藉以炫耀。

看起來好像很不好意思地調整裙襬的動作，反而有集中視線的效果。
＝不是覺得不好意思，說不定是想要在很自然的情況下引誘男性!?

喜歡穿藍色衣服的人？

每個人對服飾的喜好都能夠反映出一個人的性格，只要觀察一個人的主題顏色就大概能了解對方是什麼樣的人！

喜歡穿藍色系服裝的人的性格

我有一個朋友總是喜歡穿著水藍色襯衫、深藍色西裝、藍色領帶等全部是藍色系的服裝，這樣的裝扮完全符合大家對他的評價：爽朗、認真又有為的好青年。仔細想想，生活在我們周圍的人們對於服裝的喜好，似乎都很奇妙地剛好和他們的人格吻合。

用顏色表現自己

一般來說藍色是代表自制的顏色，擁有壓抑自我的意志和大家配合，或者是遵從秩序的意思。也就是說，我們認為喜歡藍色並且會把藍色穿戴在身上的人，是在表現自己有自制、良好協調性，並且穩重的性格。他們的特徵是對任何事物都能用客觀的角度觀察，並且大多數都是比較能夠控制自己情感的類型。屬於比較內向的性格，由於他們都會先經過理性的思考再採取行動，所以多數都是謹慎類型的人。

此外，淺藍色通常給人爽朗的印象，而深藍色則是知性。相對於藍色代表的是自制的性格，黃色代表的是活潑和自由，紅色則會顯現出積極的個性。因此，人類在年幼期通常都比較喜歡黃色，青春期以後可能就會改變成紅色，長大成人出社會後大多都會變得喜歡藍色。另一方面，成熟的大人如果喜歡黃色，大多都是天真活潑、好交際的人；喜歡紅色的人則是行動派、充滿活力、愛表現的人。

原本人對顏色的喜好就是代表他自己本身的性格，不過只要利用這一點，人也可以利用顏色表現出希望別人看待自己的角度。

 小知識　夢境裡出現的顏色也能代表作夢的人的心理狀態，如果夢中總是出現明亮色調，就代表作夢的人過著穩定的日子。

從服裝顏色的喜好看個人的性格

〈人類的心理與色彩的關連性〉

黃色 ➡ 表示撒嬌，想要獲得他人好感的欲望很高。

紅色 ➡ 表示行動力，顯示出充滿活力的印象以外，表現慾高。

藍色 ➡ 表示自制力，想要對他人顯示出精神狀態穩定的印象。

黑色 ➡ 表示神祕主義，顯示出不想要被其他人讀出他真正心意的頑強決心。

同此……

每個人穿著的服裝的顏色，隱藏著每個人在無意識當中想要傳達給周圍的人當時的感受和感情的心理。

 也就是說，喜歡穿著藍色系服裝的人想要表現出他是一個沉著冷靜的人，並且擁有穩重的人格特性！

寫字力道愈輕的人其實愈會社交

世界上既然會有筆跡鑑定的存在，就代表每個人的筆跡一定都不一樣。接下來我們就從每個人的「寫字力道」「字體大小」和「形狀」來解讀每個人的性格特性！

文字表現個人的感情

近年來由於電腦和手機普及，可以看到手寫文章的機會也已經逐漸減少。但是，手寫的文字不但能夠反映出寫字的人的感受和性格，文章還能傳達出各種多樣的訊息。例如只要回顧我們以前寫在信上或日記本裡面的字跡，隨著當時的感受以及每段時間的情感變化，字體也會出現微妙的不同，從這點來看，就能夠了解文字是有感情的吧？

如何從筆跡判斷一個人的性格？

根據法國的約翰·米恩（Jean Hyppolyte Michon）所提出的筆跡性格鑑定法指出，只要分析某個人寫的文字，就能夠了解他大概是什麼樣的性格。此時判斷的重點就在「寫字力道」「字體大小」和「形狀」這三點上。

例如下筆力道總是很大的人，就是有點神經質又認真的人；力道較小的人比較會和人打交道而且比較活潑，也比較重感情。此外，字體大的人是積極的自信家，相對字體小的人就是過於謹慎，甚至有點太過鑽牛角尖。從形狀來看，字形總是多直線且稜稜角角的人是比較一絲不苟，字體圓潤的人則比較幽默、感受性較強。

從以上的基準來看，下筆力道強、文字又多銳角的人就是非常理性的類型，但是稍為欠缺幽默感。另外，字形多曲線且字體又大，但是下筆力道弱的人，就可以想像他應該會是有幽默感、活潑、社交能力又強的人了吧？同此，我們可以藉由分析每個人寫字的形狀或大小等，從筆跡去探索一個人的人格。

 從法國各大學都很盛行開辦筆跡判斷個性的課程來看，這個科目真的很受歡迎，科目名稱是「Graphologie」（筆跡心理學）。

從3種類型的筆跡顯示出的性格

力道

力道大
做事一板一眼，稍微有點神經質。

力道小
活潑且好社交，有時容易被感情影響。

大小

字體大
外交能力強的自信家，對於各種事物都能積極面對的類型。

字體小
性格謹慎，連小事都很注重。

形狀

直線多且稜稜角角
稍微有點嚴肅，並且較慎重的人。

字體圓潤
具有豐富的感受性，富有幽默的品味。

從睡姿顯現的人格特質！

人有各式各樣的睡姿，正因為這是每個人在潛意識當中做出的動作，所以才能顯現這個人本身的性格和隱藏的苦惱。

人的睡姿到底代表了什麼意義呢？

即使自己不知道自己的睡姿如何，但是可能被其他人看過自己的睡姿，還被對方說「原來你是這樣睡的啊！」發出驚呼的經驗吧？事實上，最近幾年由美國精神科醫生山繆・丹凱爾（Samuell Dunkell）的調查發現，人的睡姿確實和其個性與心理狀態息息相關。

從睡姿了解一個人的心靈

雖然分類的方式迥異，但是人的睡姿大致上可分為6個種類。

「王者型」是指大字型仰睡的睡姿，這種人大多數為充滿自信且個性豪爽的人，但是稍微有一點不諳人情世故的；「半胎兒型」是指半蜷曲地側躺的狀態。睡覺時是這種睡姿的人是比較一般的人而且具有協調性，是性格穩定且平衡的人，但也有優柔寡斷的一面；「胎兒型」是指側躺並抱著腹部的睡姿。這種睡姿的人是屬於內向且警戒心強的類型，同時也是自我意識過剩，在人際關係上有許多煩惱的人。

臉朝下趴睡的「趴睡型」是比較一絲不苟，而且對任何事情都非常注重的類型，但是也有人認為這種人有好管閒事的性格。此外也可以發現他們有時會出現欲求不滿的模樣；側躺時手腕和腳踝會靠在一起的「囚犯型」睡姿，是平常常感到不安的人會出現的睡姿，經常有累積壓力的情況。最後的「人面獅身型」（Sphinx）是指趴睡但屁股朝上的一種睡姿。會這樣睡的人大部分都是神經質且較淺眠，甚至是不容易睡著的類型。

當你和朋友一起出門旅行時，不妨觀察一下大家的睡姿，說不定會發現朋友們與平常不同的一面也說不定喔！

小知識

當腦部在睡眠時活動就會做夢，稱為「快速動眼睡眠期」（REM sleep）；會改變睡姿則是腦部在休息時的「非快速動眼睡眠」（NREM sleep）。

從6種睡姿了解一個人的性格

王者型
對任何事都非常豪爽的人，對自己相當有自信。但是稍微有一點不諳人情世故。

半胎兒型
一般人，擁有穩定的性格。雖然協調性高但是稍微有優柔寡斷的一面。

胎兒型
對周圍的警戒心很強的人物，比較內向，常因不擅處理人際關係而煩惱。

趴睡型
稍微有一點好管閒事的感覺，個性比較一絲不苟，也有常常欲求不滿的情況。

犯人型
手腕和腳踝交疊而睡的睡姿代表的是不安，而且在工作和人際關係等方面可能都藏著煩惱。

人面獅身型
將腰部提高，算是有點不自然的睡姿。會這麼睡的人通常都是淺眠或容易失眠的人。

坐下時腳張開與腳緊閉的人差別是？

腳是讀取人類心理的有力情報來源，那麼從人坐在椅子上的坐姿是否也能看出一個人的本性呢？

坐姿內藏有人類心理的想法

一般都認為男性在坐下時腳張開的比例很高，而女性則是會將腳併攏坐下的比例較高。但是仔細觀察以後，會發現在男性當中也有將腿併攏坐下的人，女性之中也有人會直接張著腳就坐下了。事實上，在這些坐姿當中，也藏有每個人內心的心理意義。那麼坐姿裡到底藏了什麼樣的祕密呢？

男女不同解釋也不同？

當女性將腿併攏坐下時，代表她現在是有警戒心或是拒絕的緊張狀態。在此同時，也是潛意識中出現「女人味」的表現。這並不是天生就會自然形成的行為，而是從小所受的教育，教導「女生就要有女生的樣子」所產生的結果。

相對於此，當女性腳開開地就坐下，代表她沒有警戒心。這顯示著她目前處於放鬆的狀態，如果面對異性也是這種坐姿，就代表她對這位異性沒有其他特別的感情。

另一方面，男性如果是開著腿坐下，就是代表自己不想被瞧不起，想要讓別人覺得自己並不渺小的心理反應所產生的行為。特別是領域意識愈強的人，愈會將腿張開擴大自己的個人空間，或多或少存有想要讓自己的身體看起來很龐大的傾向。

另外，若是男性將腿併攏坐下，大部分都是對自己沒有自信。藉由將腿併攏縮小自己的個人空間，表現出自己微弱的存在感。此外，翹腳的男性所表現出的就是從容、堅強的心理狀態。

 小知識 讓女孩子穿粉紅色、男孩子穿藍色的服裝也是要灌輸女生要像女生、男生就要像男生的教育概念之一。

從腿部的動作看一個人的心理

男性

腿併攏而坐

對自己沒有自信，由於極力的想要將自己的身體縮小，所以顯示出自己是弱者的氣氛。

腿張大而坐

看起來從容不迫，但是內心也稍微藏有一些不安的感受。不過大致上來說都還算是相當有自信的人。

女性

腿併攏而坐

會將身邊的事務都打理得很好，個性比較規規矩矩的人。

腿張大而坐

人很和善、富有幽默感、個性又很直爽，所以會有很多男性朋友。

腳程快的人大部分都很容易犯錯

有人走路大步大步走，也有人小步小步走，每個人走路的方式各式各樣。因此，從走路的方式也可以看出一個人的性格。

慌慌張張地走及慢條斯理地走

包含我在內總共4名同事，是每天午餐的同伴。每次一到午餐時間就會集體出發，這個時候每個人走路都各有特徵，非常有趣。比如說A男每次都是走在最前面，腳程最快，後面接著我和C女大概用同樣的速度前進，其中C女走路的方式是很輕鬆自在的模樣；而走在最後面的是在同事當中最被看好的D男，他都是以不慌不忙的態度走在最後。

走在最前方的不一定就是領隊

那麼我們就來一個一個分析大家的個性吧。首先是走在最前端的A男，他完全沒有想到一起出發的其他同伴的速度，就自顧自地往前走，有種「跟著我自己的步調走是天經地義的事」的想法，或許我們可以說他是不會考慮其他人，屬於獨善其身的人吧？總是喜歡表現得好像很忙的樣子，但太過慌張反而容易犯錯。

接下來我們來看C女。像她一樣會大步大步地踏著穩健步伐前進的人，散發出大刺刺的氣質，可以說是比較豁達開朗。如果是女性的話，她還會是個性獨立自主，對工作會全力以赴的人。而和C女一起走在中央的人大都是聰明的人，但是比較沒有個性，很容易被別人說是沒有存在感。

然後是走在最後方的D男，他才是這些人當中最有領隊氣息的人。他們走在隊伍最後可能是在檢查是否有人脫隊，個性大多比較細心。

 小知識　邊走有時候還邊往後張望的人被認為是疑心病重的人。

誰最有領隊氣質？

D	C	B	A
走在團體的最尾端	大步大步地踏著穩健的步伐前進	走在團體最中央	慌慌張張用很快的腳程走在最前頭

A 類型

衝鋒陷陣走在最前端的人

個性急躁、容易犯錯，不會關心周圍的人。

B 類型

維持走在中央的人

雖然聰明，但是感覺不太有個性，在團體中的存在感可有可無。

C 類型

和位置沒關係但是大步大步前進的人

個性豁達開朗，精神狀況也很穩定，如果是女性的話獨立心也比較強。

D 類型

經常走在最後方的人

負責走在最後面檢查是否有脫隊的人，周圍對他的信賴度也很高。

 因此，我們可以得知 D 類型「走在最後方的人」才是最有領隊氣質的人！

佛洛伊德與榮格

　　與「完形心理學」相繼出現在世上的，是將心理學當作實用學問來運用的「精神分析學」，這是猶太醫生，也是精神分析學家西蒙・佛洛伊德所提出的研究。

　　佛洛伊德在治療精神病患者時發現，人類的行為是否不只有隨「心」所欲產生的動作，也有在自己沒有注意到時所產生的行動。他並且將引發這個想法的情況，稱為「潛意識」。

　　佛洛伊德假定這個潛意識的狀態才是心理學真正的本質，並且認為夢境和不小心說出口的話語，才是引發精神病真正的原因，也就是遭到壓抑的真正心意。這與自古以來一直偏向分析「有意識」的心理學完全相反。而這個想法後來由被佛洛伊德逐出師門的弟子榮格繼承，才衍生出「分析心理學」這個科目。

佛洛伊德與榮格所論述的「潛意識」

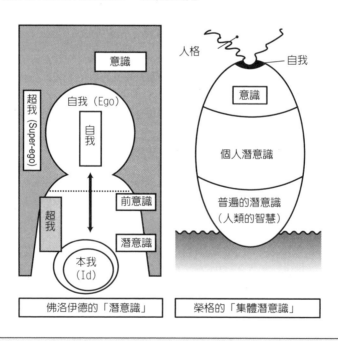

第 5 章

「解讀」從癖好顯現的另一個自己！

本章將分析我們在潛意識當中做出的舉動。

俗話說世無完人，

只要是人，誰都會有一兩個怪癖。

所以只要能夠了解每個怪癖的意思，

一定能發現你所不知道的自己！

奇怪？
我做到哪了？

咦？
我做到哪了？

潛意識地聞起剛脫下的襪子之謎

明明知道襪子很臭,但是不知道為什麼,還是會不知不覺地拿起襪子來聞,在這樣的行動當中也有完整的心理學意義在其中。

滿滿的安心感

從早上出門上班到晚上下班回家為止,腳一直都塞在皮鞋裡。想當然爾,鞋子內一定是熱氣奔騰,襪子的臭味應該相當嗆鼻。即使知道這點,你是否也曾將剛脫下的襪子拿到鼻子前,用力吸著那附在襪子上的臭味呢?然而當你聞到想像中的味道的時候,心裡應該有某個部分感到安心吧?

這樣的行為雖然還稱不上習慣,但不知不覺就很容易一而再、再而三地做下去。其實,這個行為是人類的基本行為模式之一,能夠用心理學加以解釋。

動物本能的表現

人類聞自己的味道的行動,大致上就像狗狗在散步途中到處小便做記號,讓下次散步時,可以確認留在該處的味道的行為一樣。這就是基於動物本能所產生的行為。

動物會藉由聞沾上自己味道的東西,重新體認自己的自我認同,帶來安心感。尤其又以排泄物最適合這樣的確認行為,除了有濃重味道的臭襪子以外,像是把擤過鼻涕的衛生紙打開來看的行為也有同樣的意思。

此外,像這樣的行為還有另外一個意思在裡面,就像貓舔自己的毛,清理自我門面的意思。人類會去聞臭襪子、打開擤過鼻涕的衛生紙,都是一種看到髒污排出,確認已經將自己整理乾淨而感到安心的動作。此時我們就能重新認識,人類果然還是擁有動物的特質。

 還有些人會在抓癢後聞聞手上殘留的味道,這個動作含有消除壓力的意思在裡面。

確認行為是動物的本能？

為什麼人會去聞剛脫下的襪子呢？

 理由之一 確認自己的味道藉此感到安心！

藉由確認自己散發的味道，再次體認自己的自我認同。

 理由之二 確認讓自己不悅的東西是否已經消除！

代表想要去除從自己身上產生，讓自己不悅的物質，和貓咪舔整自己的毛一樣，想要確認這個工作是否真的完成了。

 藉由這樣的動作就能了解，人類也具備和動物一樣的本能！

明明知道的字卻還寫錯的原因

你應該也有不小心把常常寫而且不可能寫錯的字寫錯的經驗吧！為什麼我們會犯這麼簡單的錯呢？

經由實驗確認之後

當我們在寫賀年卡或謝卡時，有時候就是會在意想不到的地方不小心寫錯字，想到還要再重新寫一次都會覺得很懊惱。但仔細想想，你不覺得我們會把很熟又明明很常寫的字寫錯，是一件很不可思議的事情嗎？爲了找出寫錯字的理由，讓我們一起來看以下的實驗。

我們讓一些大學生連續且快速地寫日文平假名的「お」這個字50次，結果2個人中就有1個人寫錯字，而且還是在本人也知道自己寫錯字的情況下，手自己寫出來的。像這樣身體自然做出和意志不一樣的動作的行爲稱之爲「Slip」。

其實我們在寫字的時候，並不是一筆一劃有意識地寫字，而是按照記憶中的筆順自動處理，讓手跟著指令動作。此時，如果同一個文字連續寫好幾次，腦內就會自動浮現其他類似的字，而不小心就會寫錯。

錯字顯現不安

或者也可以將寫錯的理由用「語義飽和」（Semantic Saturation），也就是心理學當中所說的「不安感」來解讀。這樣的經驗可能你也有過，就是當你反覆一直在寫同一個字的時候，會突然覺得這個字愈看愈不像，這裡說的語義飽和，就是指在這樣的狀態下會開始懷疑「這個字正確嗎？」的不安狀態。

這麼說來，我們在日常生活中容易寫錯字的地方，就是寫賀年卡等，可能要重複寫好幾次地址或名字的時候。在一直重複寫同樣的文字時，這個文字會逐漸變成像是一個記號，心裡慢慢就會覺得不安，最後不小心就會寫錯。

 如果重複講「卷」（譯註：日文唸作maku）這個詞，就會產生好像變成「熊」（譯註：日文唸作kuma）的錯覺，也是由語義飽和產生。

寫錯字是腦內處理失誤的結果！

〈心理學家仁平義明的實驗〉

讓接受實驗的大學生儘量快速、連續地寫平假名「お」這個字。

產生「あ」「よ」「む」「あ」的錯別字。

如果檢查連續寫 50 次以後的統計會發現 2 人當中會有 1 人寫錯字。

＝

這就是所謂的 **Slip**。

在寫平假名「お」這個字時，我們會在沒有意識到「お」的情況下，腦內自動處理來動手寫。

當腦部在回想「お」這個字時，還會同時想到「よ」或「あ」等相似字，所以會產生寫錯字的情形。

---

what's　　「Slip」

在重複寫同一個字的時候，腦內會自動浮現其他形狀類似的字，即使有發現這個字是錯的，手還是會自動運作造成寫錯字等的這種筆劃和手段的失誤。

太陽眼鏡是軟弱的證明！

戴著太陽眼鏡的人之所以看起來很難接近，是因為我們看不到他的眼睛。
戴太陽眼鏡究竟有什麼心理效果？

一整年都戴著太陽眼鏡的人

近來，不論季節，一整年都戴著太陽眼鏡的人逐漸增加了。女性
可能會說是因爲要擋住自己沒化妝的臉，而如果是晴天，男性也會說
是要保護眼睛所以才會戴太陽眼鏡。那麼，那些連下雨或陰天也戴著
太陽眼鏡的人到底是爲什麼呢？

遮住眼睛才是他的目的

戴著太陽眼鏡的人，之所以會莫名地給人好像很恐怖或讓人很難
接近的感覺，是因爲太陽眼鏡讓人無法看清楚對方眼睛。如同先前所
述（請參考P54），只要看得到眼睛就能在某程度上理解對方。但是
如果用太陽眼鏡遮住眼睛，就會帶給人從「我不知道他在想什麼」延
伸到「我不知道他的真面目」的感覺，變得更難以接近。

那麼，接下來我們就來看本節主題：戴著太陽眼鏡的人心裡到底
在想些什麼？實際上會戴太陽眼鏡的人，大多屬於警戒心很強，而且
軟弱的類型，他們會戴著太陽眼鏡，是因爲他們害怕把自己的感受表
現於外。

在美國有一個實驗，是讓一些在人前會極度緊張，而無法順利講
話的人戴上太陽眼鏡後，再請他們講話。結果顯示，這些人在戴上太
陽眼鏡之後，講話講得更順暢了。這是因爲他們藉由遮住眼睛，去除
掉原本害怕被別人看穿自己心裡感受和不安。此外，戴太陽眼鏡還能
隱藏自己的感情，並仔細觀察對方的眼睛，讀出對方的感受，藉此讓
自己變得勇敢。

 也有些人戴太陽眼鏡只是運用這種心理技巧，不是為了要隱藏自己
的感情，而是把它當作是嚇人的小道具。

藏住眼睛＝藏住內心？

此時的心情？

我終於中獎了！

小子～
這東西真
不錯啊～

我怕別人看穿我
真正的感情……

而且只要戴著太陽
眼鏡還可以看清楚
別人的眼睛……

理由之一 不想被他人看穿自己的內心！

想要藉由隱藏自己的眼睛同時隱
藏自己的內心。

理由之二 想要了解對方的感受！

藉由隱藏自己的眼睛可以仔細觀
察對方的眼睛。

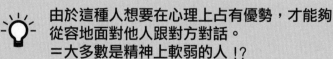

由於這種人想要在心理上占有優勢，才能夠
從容地面對他人跟對方對話。
＝大多數是精神上軟弱的人！？

人為什麼會迷上賭博呢？

愛上賭博的人，即使都已經欠債了卻還是愈陷愈深，賭博的魅力難道是在很難中獎？

明明知道但就是無法停止

像是打小鋼珠或是賭馬等賭博遊戲，雖然中獎金額大但是損失也很大。即便只是想要小賭一下，一旦迷上就很難踩下煞車，最後不得不向高利貸借錢的例子也時有所聞。即使被破產的生活壓得喘不過氣也改不掉好賭的習性，最後連自己的人生都被判出局的例子也時有所聞。即使知道會是這樣的結局，為什麼人還是會迷上賭博呢？

在少少的中獎當中感受到快感

人之所以會迷上賭博，可以用心理學上的「間歇增強法則」（Intermittent Reinforcement）來說明。就是指成功報酬率愈少，人獲得的快感就會愈大；因此人會為了品嘗這分勝利的餘韻而反覆持續地賭下去。

所謂「強化」，是指讓人類持續某種特定的行為，而偶爾給予獎賞的情況則稱作「部分增強」（partial-reinforcement）；「間歇」則是指某個事件有時候發生、有時候不會發生的狀態。也就是說，在增強之中獲得報酬的機率不穩定，無法確認何時能獲得的狀態下，會更加強得到快感的感受，以致於變得無法自拔。

美國的心理學家斯金納（B.F. Skinner）設計了一個一按壓控制桿就會有飼料跑出來的裝置A與另一個即使按壓控制桿飼料也不一定會跑出來的裝置B，對老鼠進行實驗。結果當使用A裝置的老鼠發現飼料不再出現時就不會再按壓控制桿，而使用B裝置的老鼠則還是會一直按下去。賭博也是如此，由於賭博不是每玩必勝，贏的機率不高，所以才會讓人沉迷。

> 小知識　學習「按壓控制桿就會掉下飼料」，因而自發性按壓的行為稱作「操作行為」（Operant behavior）。

無法預測的快感招致惡習

〈斯金納的實驗〉

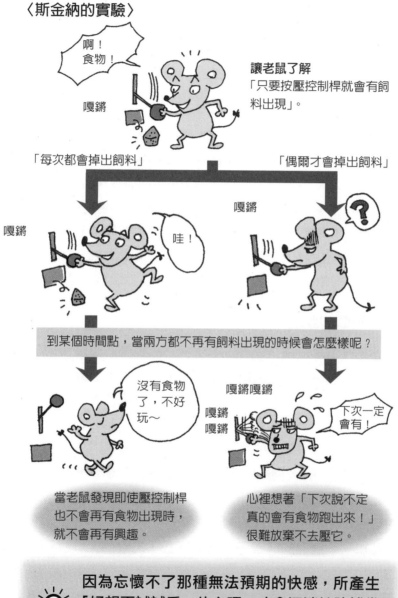

讓老鼠了解
「只要按壓控制桿就會有飼料出現」。

啊！食物！

嘎鏘

「每次都會掉出飼料」

「偶爾才會掉出飼料」

嘎鏘

哇！

嘎鏘

到某個時間點，當兩方都不再有飼料出現的時候會怎麼樣呢？

沒有食物了，不好玩～

嘎鏘嘎鏘

嘎鏘嘎鏘

下次一定會有！

當老鼠發現即使壓控制桿也不會再有食物出現時，就不會再有興趣。

心裡想著「下次說不定真的會有食物跑出來！」很難放棄不去壓它。

因為忘懷不了那種無法預期的快感，所產生「好想再試試看」的心理，才會沉迷於賭博當中！

就是會想動手摸軟綿綿的東西的理由

當我們看到毛皮或是填充玩具等蓬蓬軟軟的東西時，總是會產生一種很想要摸摸它的衝動。這樣的行為其實和動物本能有關！

整理毛的衝動

你是否有一看到軟綿綿的地毯或天鵝絨的抱枕、毛皮大衣等看起來觸感舒適的東西，就會很想去摸它的經驗呢？

這種衝動，其實和動物想要整理毛髮的心理是一樣的。在心理學當中，動物整理毛髮的動作是提高親密度的行為，就像猴子等動物彼此之間互相幫忙整理毛髮是一樣的意思。人類也有同樣的本能，但是因為人類無法隨便碰觸別人，所以才會利用撫摸軟綿綿的東西撫慰自己的心。

動物都喜歡柔軟的東西

在美國心理學家哈洛（Harry Harlow）所實施的實驗當中，有一個鐵絲製的母猴與填充玩具假扮的母猴，來共同養育小獼猴。

實驗中，兩隻假母猴身上都有接近體溫的溫度，並且還裝設了會出奶水的裝置，所以差異只有一邊是硬的、一邊是軟的而已。接下來只要觀察進入同一間房間內的小獼猴，到底會喜歡哪一隻母猴。

結果，小獼猴選擇了填充玩具假冒的母猴。接著再改變原始條件，讓填充娃娃的母猴不能流出奶水，此時小獼猴仍然是抱著填充玩具假冒的母猴，往鐵絲製做的母猴身上吸取奶水。

由此可知，小獼猴的成長不但需要營養，母猴的柔軟感觸也是不可或缺的。

原本這個實驗就是針對母子間的親情關係進行調查，因此也可以了解：動物會想要藉由互相整理毛髮的活動，來提升彼此親密度，所以本能上會去選擇觸感柔軟的那一方。

如果將小獼猴放置在只有鐵絲製的母猴的房間內飼養，牠除了容易拉肚子以外，身體的成長速度也較遲緩。

動物喜歡柔軟舒適的觸感

〈哈洛的實驗〉

1. 準備一隻鐵絲製的母猴與一隻填充玩具假冒的母猴給小獼猴寶寶。（兩隻假母猴都有設置會出奶水的裝置）

2. 小猴子喜歡填充玩具假冒的母猴，不會跑去喝鐵絲製的母猴身上的奶水。

3. 當填充玩具假冒的母猴不再產生奶水，小猴還是會抱著它往鐵絲製的母猴身上吸取奶水。

身體接觸和填飽肚子同樣重要！

人類在無意識當中追尋柔軟的觸感，是為了代替提升親密度的整毛動作。
＝動物本能！

自言自語是心理退化的象徵？

當我們在困惑或慌張的時候，人很容易會開始喃喃自語。此時人類的心理狀態到底是什麼模樣呢？

邊碎碎唸邊找東西的人

「我的筆剛剛還在這裡啊！」只要愛用的筆一不見，我們一定會拚命地把它找出來，但你是否也曾在此時，潛意識中開始喃喃自語「到底跑去哪了」之類的話語呢？明明也不是有其他人在身邊，不知道什麼原因就是會不知不覺地開始喃喃自語。

自言自語是返回嬰兒期的反應

自己一個人一邊喃喃地自言自語、一邊進行某個動作的行為，在心理學當中稱為「退化現象」。所謂退化現象就和它的字面意義一樣，也就是變回孩童狀態的現象。

這是怎麼一回事呢？如果是成人，可以分辨什麼話可以說出口、什麼話不能說出口；但如果是孩童，由於腦部還在成長，所以常常在無法辨別的情況下，潛意識地將想到的事情直接講出口。也就是在這個範例當中，原本只在頭腦思考的「到底跑去哪了」這句話，因為退化現象而不小心講出口。

但是，關於自言自語還有其他的說法。美國的海龍（Heron.W）所進行的感覺剝奪（Sensory deprivation）實驗如下：首先將受試者關進房間與外界隔離、減少外部刺激，並請他平躺。在這個房間中，接受實驗的人只能呆呆地躺著，但是只要經過8個小時以後，他們就會開始自言自語。這是因為孤獨和寂寞的感覺愈來愈強烈，變得他們愈來愈難以忍受，因此為了消除這種感受，會想要給自己一些刺激，開始自言自語。這說不定這也可以用來解釋，為什麼獨居的人比較容易自言自語。

 相對於自言自語是退化現象的說法，也有人認為自言自語是老化的現象，也就是由於老化才使得人愈來愈無法壓抑自己的感情。

自言自語的起因

困惑的時候

奇怪？我做到哪了？

咦？我做到哪了？

腦內浮現的話語，一時之間無法分辨到底是不是應該說出口而不小心講出口。

引起退化現象！

一個人的時候

〈海龍的感覺剝奪實驗〉

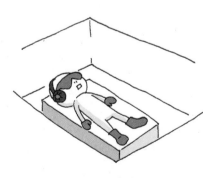

如果把一個人關進完全沒有視覺、聽覺等與外界刺激隔絕的房間會發生什麼事呢？

8 小時後

開始吹口哨或開始自言自語，給予自己刺激。

2 天後

有人錯亂，也有人開始產生幻覺，沒有人能夠撐過 3 天。

自言自語是補足刺激過少的「自我防衛」！

一害羞就會搔頭的祕密

大家都知道，搔頭這個動作就是害羞的表示。但是為什麼頭明明不癢還是會去抓呢？

藉由自我接觸解除緊張感

不知為何，人只要一被稱讚、覺得不好意思就會搔頭。這個行為在心理學當中，稱為「自我接觸」。所謂自我接觸，就是當一個人在慌張的時候，會藉由觸摸自己身體的一部分，使心情冷靜下來的一種行為。

也就是說，雖然被別人稱讚心裡覺得很開心，但是如果太過露骨地表現出自己的喜悅又很不好意思，所以為了將這種複雜的心情冷靜下來，才會做出這樣的行為。

表現給對方看的行為

你是否也想不透，自我接觸的行為，一定要是摸頭才算嗎？摸手或臉不也是一樣嗎？有這種疑問的人，這個問題的確是正確的。如果是自己的身體，應該是哪一個部位都可以，但是日本不知道是何時決定的，大部分是以頭部為主。

可惜的是，在這個時間點我們還是沒有找到非得是搔頭不可的根據。但是，搔頭的理由，也就是由於「搔頭」＝「害羞的表現」這樣的記號已經成形，而且已廣為人所認知，因此成為一種肢體語言，所以搔頭的動作就被當作是「現在的我很不好意思」的表現。

如果被人稱讚還表現出理所當然的模樣，很容易會被大家評為「驕傲的傢伙」，而且逢人便講「我很不好意思」也很滑稽，所以在這種時候大都會選擇搔頭，讓大家知道「他在害羞了」。

小知識 搔頭這個動作是日本人特有的行為表現，在國外有的是搔鼻子，也有些是摸下巴，各種表現方式都有。

利用搔頭來傳達自己的感受？

沒有啦～
真不好意思～

抓
抓

好可愛～
好可愛～

有小鳥耶～

人為什麼會「搔頭」？

理由
之一 使慌張的心冷靜下來！

➡ 藉由接觸身體的一部分讓自己冷靜下來。
＝自我接觸

理由
之二 想要表現出不好意思的樣子！

➡ 「不好意思的人都會搔頭」這件事已經變
成常識。

 除了緩和慌張和緊張感以外，也在無意識之
中將自己的感受用肢體語言的方式表現出
來！

在抽屜裡放入私人物品的人？

明明是公司配給的物品，還是有很多人會把這些辦公桌、文具、OA機器當作是自己的東西，只要從這些東西的使用方法，就可以完全了解一個人的性格！

辦公桌是反映自己個性的一面鏡子

請大家回想一下自己辦公桌的樣子。你放電腦的位置從來都沒有變嗎？各種文件都有仔細分門別類，需要的資料都能馬上找出來嗎？

其中應該有人的桌上堆疊的資料比自己的座位都還要高、一疊一疊像書一樣，或是桌上有座還沒開封的信所堆成的小山，或者是排滿了裝著寵物照片的相框吧？儘管這辦公桌再怎麼差，也是一週5天8小時在公司陪你度過的辦公桌啊！事實上，從每個人的辦公桌的模樣，能夠直接反映出每個人最真實的內心！

從辦公桌看穿一個人的性格

首先是完全沒有整理桌面、任其凌亂不堪的人。這種類型的人是屬於比較粗枝大葉、不太會自我管理的人。由於他們可能常常在堆疊的資料當中尋找東西，所以必然會花很多時間在找東西上，效率就比較差。因此像這種時間運用能力不佳的人，有做事容易失誤的傾向。

相反的對桌面會徹底進行整理的人，大多都是屬於一絲不苟的完美主義者類型。這種人可能連行程表都做得好好的，所以在業務上幾乎也不會出錯，雖然頑固但是因為他們很正直，所以工作也很確實。

此外，還有一種人總會將一些雜七雜八的私人物品放在自己桌上，這種人的自我空間意識強烈，會想創造自己勢力範圍的類型。由於他們無法確實做到公私分明，可以說是比較自我中心的人，如果把他們分配到比較合乎他們個性的工作，或許會有意想不到的好結果。

 會帶私人物品到公司的人，因為他們喜歡把位置布置成自己喜歡的樣子，所以能夠在放鬆的情況下工作，因此也比較少出錯。

從辦公桌表現出來的個性

由於他們比較粗枝大葉，所以在工作上容易出錯。

=

自我管理能力低，工作效率也比較低。

〈一直都凌亂不堪的人〉

〈一直都相當整齊的人〉

完美主義者，工作失誤少。

=

自我管理能力高，工作確實。

自我空間意識強，我行我素。

=

由於他們比較自我中心，所以比較適合能夠發揮自己個性的工作。

〈用私人物品布置桌面的人〉

收藏家都欲求不滿？

世界上有許多的收藏家，雖然一般人不太能夠理解，他們那股不尋常的熱情，但在那樣行動的背後也有不為人知的心聲！

取得心理平衡的補償行為

其實這種模式的行為在本書中已經出現過很多次，就是當自己的心願沒辦法實現，而選擇用其他方式滿足自己的行為時，就稱為「代償行為」（Compensation）。例如想要出國度假卻辦不到的時候，就會改成國內旅遊或休閒一日遊、看旅遊節目，或者收集旅遊業者的廣告單等行為。雖然沒有完全和心願相同，但是可以藉由採取同樣類似的行動，而滿足當下內心的欲望。

沒有人能夠完成所有的心願，正因如此，也可以說這種代償行為是活在這個世界上必要且不可欠缺的。

為什麼會成為收藏家？

像是收集迷你玩具汽車、郵票、模型等物品的收藏家，可以說是代償行為的連續狀態，或者說是一次的代償行為已經無法滿足的狀態。會收集迷你玩具車最根本的原因，其實就是想要買進口轎車的欲望所造成，但是價錢太高很難買得起，因此才會藉由購買迷你玩具車這來滿足自己的欲望。

但是由於最根本的「想要購買進口轎車」的欲望還是沒有滿足，所以才會一次又一次買進迷你玩具車。

另一方面，也有人用「收集的愉悅」來說明收藏家的心理。這個理論是指當這些收藏家收集到幾個自己喜歡的東西以後，就會興起想要得到整套的欲望，意指一種忍不住一定要收集的衝動。不只有收集的過程，他們也追求完成之後的成就感與快感，變成無法不去收集的狀況。

小知識　收藏家的特徵，就是即使收藏品是身上的裝飾品也不會放在身上，這是因為他們多傾向藉由收藏和觀賞收藏品來獲得滿足。

收藏的心理是很複雜的

COLLECTION CASE

雖然覺得這台2000GT最棒，但還是比較想要白色的啊～但是很難入手，還在下北那附近找呢～這可是喬治國王最古老的玩具呢……

為什麼會收集東西呢？

理由之一 其實想要擁有真正的高級轎車！

由於金錢方面的理由造成希望成真的機會渺茫，因此才會以收集迷你玩具車的方式替代。

理由之二 想要得到成就感！

從收集中獲得喜悅，想要從收集完成時得到快感。

雖然不是 100% 滿足了自己的欲望，但是仍可藉由收集喜歡的東西消除心中的不滿足。＝這就是所謂的代償行為。

濃妝豔抹的女性其實內在樸素！

那些化妝濃到大家可能都覺得太過頭的女性，很容易會被認為她的個性也很誇張，但是實際上她們可能很樸實、個性又內向也說不一定。

濃妝豔抹的女性們

極粗的眼線加上兩層假睫毛等，那些被稱為「辣妹」或「惡魔系女孩」的女性的化妝方式，完全不輸給演舞臺劇的女演員。如果是從雜誌或電視看到她們還會覺得好像還滿可愛的，但如果實際上看到她們，便完全想像不到她們沒化妝的模樣！就算沒有那麼誇張好了，這些濃妝豔抹的女性總是很容易被認為連個性都很誇張，但是實際上真的是這樣嗎？

個性愈樸實化妝愈誇張

大家可能都認為化妝愈誇張的人個性愈誇張、化妝愈普通的人個性也愈普通，但是實際上並沒有這麼單純。根據美國心理學家費雪的論述，反而是個性愈內向的女性化妝愈誇張。

其實不善交際的人都很害怕自己和其他人之間的界線，所以濃豔的化妝就變成了為增強與他人之間界線的假面具。

此外，每個人心中都有兩個自我形象（Self-Image），一個是「我想要變成這樣」的理想我，另一個則是自己最真實的模樣，也就是真實我。當然兩者之間一定有差距，所以化妝就成了消除這兩者間所產生的差距，並且取得心裡平衡最快的手段。為了創造出美麗的自己，便藉化妝來填補理想與現實間差異。

藉由化妝，才開始讓內向的女性有辦法穩定自己的內心，甚至變得更積極。

 從眉毛的修整方式也是得知對方個性的方法之一。比較圓滑的眉毛是比較有女人味的人，而直線的眉毛則較多為意志堅強與熱衷工作的人。

化妝等同內心的假面具？

ㄟ!!
這不是歪了嗎!!

此刻的心情？

想要加深和其他
人的界線！

對自己沒化妝的
臉沒有自信！

> 對於自己和其他人之間的界線愈感到不安，
> 愈會有裝扮成被大家注意的模樣。
> ～取自費雪的實驗～

 濃妝豔抹的女性是藉由化妝與周圍設下屏障，
拚命保護自己。
＝説不定是因為個性內向!?

追求流行的人喜歡和其他人一樣

喜歡追求流行或者是最新產品的行為，其實是因為不想要做出和別人不一樣的行為而被當成傻瓜，其實是一種沒自信的舉動。

即使是對流行敏感的人也一樣

有一種人他們只要發現任何將來會流行，或者是以新產品為名販賣的東西，就一定會去看過一次才肯罷休；也就是只要手機出了新機種就馬上換機，或者是只要聽說「好像會流行粉紅色」就會在衣服或其他小東西上四處放置一些粉紅色東西。乍看之下，他們好像是對流行事物很敏感的時髦人物，但好像又不是這麼一回事……

因為和大家一樣所以很安心

像這樣會儘早入手流行物件或新產品的人，就像走在時代尖端引領潮流的情報通一樣，但是實際上這種人大多是沒有自我風格和個性。正因為他們對自己沒有自信，所以拚了命地想要和周圍的人一樣。他們藉由讓自己倚靠在流行或新商品的狀態上，補足自己沒有自信的部分。由於這種類型的人沒有確切的個人想法，因此通常都極端地害怕只有自己跟別人不同，在某種意義上，可以說他們的協調性很高，但是似乎還是缺乏自主性。

在心理學當中，將「讓自己的態度和想法符合團體規範的行為」稱作「從眾行為」（Conformity）。在社會上如果不採取從眾行為，就會被周圍的人當作異端，並會被團體規範制裁，直到你遵從它為止，也就是俗話所說的「樹大招風」。因此我們認為這些對自己沒有自信的人就是因為害怕被當作異類，所以才會採取這樣的行為。

此外，追尋流行這個行為，在能夠和團體相同、融入四周這一點上，可以說是藉由從眾行為得到安心感的行為模式。

　藉由表現自己是「對流行很敏感」的人，可能也是心中暗藏著希望被其他人注意的願望。

跟隨流行的方式與協調性

〈追求流行的人〉

總是希望自己和周圍的人一樣。
不想要被眾人排擠！

從眾行為的表現

〈貫徹自己個性的人〉

將自己與周圍切割，想要用與
旁人不同的方式生活下去！想
要表現自己的獨創性！

顯示自我表現欲

也就是說

愈愛跟隨流行的人，表示他非常能夠認清他在社會
當中的角色，所以協調性高，愈有個性的人是愈自
我中心的！

跟隨流行的人能夠在團體比賽當中發揮所長，
自我表現欲高的人則比較能活躍在能夠表現自
我個性的單人比賽中。

喜歡抽菸是回歸嬰兒期的表現？

會一根接著一根不斷點菸的老菸槍，除了尼古丁成癮以外還有其他心理因素？

從抽菸的方式看抽菸的理由

　　抽菸會成癮，而且一旦記住那個味道就很難戒掉。雖然大家明明都知道尼古丁中毒後，引發癌症的機率很高卻還是很難戒掉，是因為抽菸的人有他自己獨特的理由。而這樣的理由會顯現在他何時抽菸、用什麼方式抽菸上。接下來大家可以回想看看自己抽菸的模樣，一起來檢視你抽菸的真正理由。

你是什麼類型的嗜菸者？

　　對嗜菸者來說，抽菸本身有所謂最幸福的瞬間，那就是在和最親密的人一起用完美好的一餐後的那一口菸。沉甸甸地坐在寬敞舒適的沙發上，放鬆地慢慢吐出陣陣煙霧，在這樣的時間內，身心都能獲得解放。而同樣能夠感受到壓力解放的一根菸，就是在緊張的會議後，或者是經過長期業務工作而終於簽訂契約之後等包含成就感在內的時候。這種類型都可以當作是滿足的表現。

　　另一方面，在工作中叼著一根菸的行為，代表的是注意力集中的狀態。此時叼著菸的人可能腦內塞滿了和工作業務有關的事項，這種情況常常出現在工作非常認真的時候。此外，當一個人被工作追著跑還一邊點菸來抽，這種現象顯示出遭受到強大壓力。

　　連續不停抽菸的行為，在心理學來說擁有緩和緊張感的意思。只要放東西在嘴巴上，就會像回到嬰兒期含著母親的乳頭睡覺一樣得到安心感。因此當一個人在坐立不安的時候，只要叼著一根菸就能夠安心，就是出於這種心理。也就是說，這些嗜菸者是為了讓不安定的心穩定下來才會持續不停地吸菸。

 拿香菸的方式也藏有能夠讀出對方內心的暗示。例如翹著小姆指抽菸的人，就有自我意識過剩的傾向。

從抽菸的方式顯示出的心理現象

哈哈哈

一邊談笑一邊抽菸等情況都是
代表放鬆狀態下的抽菸行為。

有滿足感

嗯~

扭扭扭扭

一邊工作一邊讓菸繼續燃燒，
也就是叼著菸的狀態。

為了提高集中力的行為

不停點燃新香菸的老菸槍類型

壓力過大，坐立難安

不論是哪一種情形，共通點都是沒有辦法戒掉菸癮。
那麼戒不掉的理由是？

內心有感到不安的部分，想要像嬰兒一樣喝
母親的奶水！

直接將火撚熄的人是直性子的人

香菸是看穿一個人的心理最好的道具之一，從抽菸方式到拿菸姿勢的不同都有各自的心理意義，這次我們將重點放在熄菸上吧！

處理菸灰的方式也是千差萬別

如同上一節所介紹的，抽菸這個行為是想要將坐立不安的心冷靜下來。那麼，本節將從抽菸當中與抽完菸後處理菸灰的方法，來了解一個人的個性。

直性子的人的熄菸方法？

首先，會用撚轉的方式熄菸的人，是「自我意識」相當強的人。這種將力量集中熄菸的動作，是這個人內心想要將香菸的火完全熄滅的心境表現。因此，從這點可以看出，這種人是在達成目的之前絕不會停止努力的完美主義者。

但是，這種直性子的個性過於強烈，所以也很容易累積壓力。

接下來，你應該也有看過把香菸折彎熄滅的人吧？這種人可以說是比較自由自在的人。他們的思考方式柔軟，被大家認為是閃耀的明日之星。但是在這樣的背後，從他們不從根本上把火星熄滅，只想要儘快把菸熄掉來看，看得出來他的個性有些性急。

此外，那些會將菸熄滅後所掉落的菸灰集中到一角再清理乾淨的人，就完全是屬於一絲不苟的類型。因此他們通常壓力也很大，會藉由「用小鏟子清理菸灰」的動作當作「代償行為」。

除此之外，在抽菸的當下會頻繁敲掉菸灰的人大多屬於「完美主義者」，而沒有經常處理掉菸灰，每次都要拖到不能再拖為止的人則大多屬於「小氣的人」。

 小知識：用大拇指、食指以及中指夾住香菸的人，大多是有自信並善於社交的人。

處理菸灰的方法與其性格

熄掉菸灰的方式

頻繁地敲掉菸灰

不允許一點點失誤的完美主義者，大多屬於不論對什麼事都不會妥協的類型。

累積一段時間後再丟

沒有注意到菸灰已經累積很多，多數都是因為在發呆，也稍微有一點小氣的性格。

熄菸的方式

直接壓熄

直到火光完全消失為止絕不會輕易接受，這種人是屬於意志力強的類型，凡事重視規劃。

折彎後熄滅

自由又思想柔軟的類型，也稍微有一點性急。

細分過後的現代心理學

從哲學研究起家的心理學自從進入現代後，已從各種角度深入研究，並爲了成爲實用性的學問進而幫助人類，所以慢慢細分。此時，光靠一個領域就想要解決問題的難度已經愈來愈高，因此「心」的研究也必須要靠與其他領域研究的配合才能進行，這樣的研究方法已持續至今。

現代心理學目前分爲2大類，各自稱爲「基礎心理學」與「應用心理學」。基礎心理學是研究心理學本身的理論，而應用心理學則是爲了幫助具體對象而形成的一門學問。

在基礎心理學之中，共有「學習、神經、知覺、行爲、生理、認知」6大領域，而應用心理學則大致分類爲「社會、工商、發展、教育、臨床、犯罪、人格、經營」8個領域。

心理學的種類

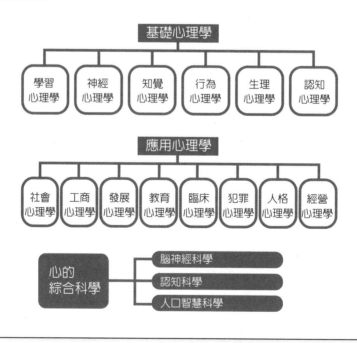

國家圖書館出版品預行編目（CIP）資料

看穿人心的小動作：生活中常見的100種小動作觀人術！從不
經意的小動作看出他/她在想什麼／匠英一著；簡中昊譯.
-- 二版 . -- 臺中市：晨星出版有限公司，2021.09
　　面；　公分 . --（知的！；30）

譯自：しぐさのウラ読み

ISBN 978-626-7009-57-4（平裝）

1.個性　2.行為心理學　3.肢體語言

173.7　　　　　　　　　　　　　　　　　　110012837

知
的
！
30

看穿人心的小動作（暢銷修訂版）
生活中常見的 100 種小動作觀人術！
從不經意的小動作看出他 / 她在想什麼

填回函，送 Ecoupon

監修	匠英一
編著	PHP研究所
譯者	簡中昊
編輯	吳雨書
校對	吳雨書、陳宜蓁
封面設計	陳語萱
美術設計	黃偵瑜
創辦人	陳銘民
發行所	晨星出版有限公司
	407台中市西屯區工業30路1號1樓
	TEL：（04）23595820　FAX：（04）23550581
	E-mail:service@morningstar.com.tw
	http://www.morningstar.com.tw
	行政院新聞局版台業字第2500號
法律顧問	陳思成律師
初版	西元2021年09月15日　二版1刷
再版	西元2022年11月15日　二版2刷
讀者服務專線	TEL：（02）23672044 /（04）23595819#212
讀者傳真專線	FAX：（02）23635741 /（04）23595493
讀者專用信箱	service@morningstar.com.tw
網路書店	http://www.morningstar.com.tw
郵政劃撥	15060393（知己圖書股份有限公司）
印刷	上好印刷股份有限公司

定價380元
（缺頁或破損的書，請寄回更換）
版權所有 · 翻印必究

ISBN 978-626-7009-57-4
Published by Morning Star Publishing Inc.
SHIGUSA NO URAYOMI
Supervised by Eiichi TAKUMI
Edited by PHP Institute, Inc.
Illustrations by Tomomi TADA and Masako FUJII
Copyright © 2009 by Eiichi TAKUMI
First published in 2009 in Japan by PHP Institute, Inc.
Traditional Chinese translation rights arranged with PHP Institute, Inc. through Japan
Foreign-Rights Centre/ Bardon-Chinese Media Agency
Printed in Taiwan

◆讀者回函卡◆

以下資料或許太過繁瑣，但卻是我們瞭解你的唯一途徑

誠摯期待能與你在下一本書中相逢，讓我們一起從閱讀中尋找樂趣吧！

姓名：_____　性別：□ 男 □ 女　　生日：___／___／___

職業：□ 學生　□ 教師　□ 內勤職員　□ 家庭主婦　□ 軍警　□ 企業主管　□ 服務業
□ 製造業　□ SOHO 族　□ 資訊業　□ 醫藥護理　□ 銷售業務　□ 其他 _____

E-mail：_____　聯絡電話：_____

聯絡地址：□□□ _____

購買書名：看穿人心的小動作（暢銷修訂版）

• 誘使你購買此書的原因？

□ 於 _____ 書店尋找新知時　□ 看 _____ 報紙／雜誌時瞄到
□ _____ 電台 DJ 熱情推薦　□ 親朋好友拍胸脯保證　□ 受海報或文案吸引
□ 電子報　□ 晨星勵志館部落格／粉絲頁　□ 看 _____ 部落格版主推薦
□ 其他編輯萬萬想不到的過程：_____

• 本書中最吸引你的是哪一篇文章或哪一段話呢？_____

• 你覺得本書在哪些規劃上還需要加強或是改進呢？
□ 封面設計　　□ 版面編排　　□ 字體大小　　□ 內容
□ 文／譯筆　　□ 其他 _____

• 美好的事物、聲音或影像都很吸引人，但究竟是怎樣的書最能吸引你呢？
□ 價格殺紅眼的書　□ 內容符合需求　□ 贈品大碗又滿意　□ 我誓死效忠此作者
□ 晨星出版，必屬佳作！□ 千里相逢，即是有緣　□ 其他原因 _____

• 你與眾不同的閱讀品味，也請務必與我們分享：
□ 心靈勵志　　□ 未來趨勢　　□ 成功故事　□ 自我成長　□ 宗教哲學　□ 正念禪修
□ 財經企管　　□ 社會議題　　□ 人物傳記　□ 心理學　　□ 美容保健　□ 親子教養
□ 兩性關係　　□ 史地 □ 休閒旅遊　□ 智慧格言　□ 其他 _____

• 你最常到哪個通路購買書籍呢？　□ 博客來　□ 誠品　□ 金石堂　□ 其他 _____

• 你最近想看哪一位作者的書籍作品？_____

• 請推薦幾個你最常看的部落格或網站？_____

以上問題想必耗去你不少心力，為免這份心血白費
請務必將此回函郵寄回本社，或傳真至（04）2359-7123，感謝！
若行有餘力，也請不吝賜教，好讓我們可以出版更多更好的書！

• 其他意見：

晨星出版有限公司 編輯群，感謝你！

郵票

407
台中市工業區 30 路 1 號

晨星出版有限公司

知的編輯組

請沿虛線摺下裝訂，謝謝！

更方便的購書方式：

(1) 網站：http://www.morningstar.com.tw
(2) 郵政劃撥　帳號：15060393
　　　　　戶名：知己圖書股份有限公司
　　請於通信欄中註明欲購買之書名及數量
(3) 電話訂購：如為大量團購可直接撥客服專線洽詢

◎ 如需詳細書目可上網查詢或來電索取。
◎ 客服專線：02-23672044　傳眞：02-23635741
◎ 客戶信箱：service@morningstar.com.tw